Innovative China's
Collective Leadership

中国集団指導体制の「核心」と「七つのメカニズム」

習近平政権からの新たな展開

胡鞍鋼《Hu Angang》・楊竺松《Yang Zhusong》［著］

日中翻訳学院　安武真弓［訳］

日本僑報社

目次

概要

中国の要は中国共産党にある。中国共産党の要は中央政治局常務委員会にある。中央政治局常務委員会の要は集団指導体制にある。ここに中国が成功を重ねている鍵がある。

集団指導体制は、革命戦争期に誕生し、新中国（中華人民共和国）の成立初期に確立した。その後、改革開放の新時代に建て直され、揺るぎないものとなった。中国共産党第十八回全国代表大会（以下、「党大会」と言う）以前には、すでに集団引継制・集団分担協力制・集団学習制・集団調査研究制・集団政策決定制という五つの重要なメカニズムがつくられていた。第十八回党大会以来、習近平を「核心」とする中国共産党中央委員会（以下、「党中央」と言う）が、これをさらに改革し、発展させた。

まず、党はリーダーを必要とし、指導的核心がいる。習近平は、党・軍・人民の望むところにより、また、社会主義的近代化の進展が求めるところにより、党中央の核心、全党の核心となった。そしてこのことは、世界を揺るがせた。党の核心は、十数億人という中国人民のリーダーであり、社会主義的近代化の牽引者である。

続いて、大幅に強化された集団外交制と集団自律制は、中央政治局および常務委員会が国家統治と政治運営、全面的な党内引き締めを行う上で、重要な機能を果たしている。このことによって、集団指導体制のメカニズムは五つから七つに拡充され、「二つの百周年」という壮大な目標に向けて、いっそう見合うものとなった。

さらに、既存の五つのメカニズムには、一連の新たな特徴が現れた。中央政治局常務委員は九人から七人となり、これに応じて常務委員の分担も調整された。中央政治局の集団学習テーマは、よりいっそう歴史を深め、グローバルな視野をもつようになった。集団調査研究に関して、重大な政策決定の下準備という役割がはっきりしたことで、集団政策決定制はより完成形に近づいた。中央指導機構の枠組みが合理化され、中央政治局常務委員会の内部協力が強化されたことで、合議による政策決定制度はさらに改善され、政策決定プロセスの開示性と透明性はますます高まった。

集団指導体制の革新と発展は、中国の制度の改革・実践・調整・完成という進化を表すだけでなく、第十八回党大会以来、党中央の国家統治と政治運営に一連の成果をもたらす要因となっている。集団指導体制は一連の極めて重要な制度優位を備えており、中国は制度に対する高い自覚と自負を持ち続けなければならない。

序論

中国政治制度の成功の鍵

鄧小平は「われわれが社会主義的近代化を進める理由は、経済面では資本主義国に追いつき、政治面では資本主義国よりも優れた民主主義を生み出し、これらの国々よりも優秀な人材を多く育成するためである。この三つの目標を達成するには、短い期間で済む場合もあれば、相当の時間を要する場合もある。しかし、われわれは社会主義大国として、必ず成し遂げなければならない。そのため、党と国家の様々な制度の良し悪しや、完全か不完全かについては、この三つの目標の達成に有利かどうかによって検証しなければならない」[1]と指摘している。われわれはこの三つの基準を、制度の優劣を評価する「鄧小平基準」と呼び、これこそが「中国基準」である。そして、いわゆる「ソ連基準」や「米国基準」ではなく、「中国基準」に沿って比較・検証し、特に米国と比較する。

まず、中国の経済総体は、すでに米国を追い越している。世界銀行のデータによると、中国の二〇一三年国内総生産（GDP）は一六兆八〇〇〇億ドル（購買力平価、二〇一一年国際ドル基準、以下同じ）を達成し、世界第一位（米国のGDPは一六兆七〇〇〇億ドル）となった。このことは歴史的重要性を持ち、[2]二〇一六年には、中国GDPはおよそ二〇兆ドルに迫り、対米国比一一四・七七パーセントとなった。**次に、中国はすでに米国よりも多くの人材を育成している。**大卒レベルの人口はすでに米国を大幅に上回り、大卒・専門学校卒以上の学歴を有する者の数は、二〇一六年には中国で一億八〇〇〇万人を超え、米国の一億三〇〇〇万人を大幅に超えた。また、研究と試験開発に従事する科学者やエンジニアの数も、早々に米国を上回り、二〇一六年には四〇〇万人に達し、研究開発分野で世界トップの人材大国となった。[3]このほか、中国の先端技術人材の数も米国に急速に迫っている。さらに中国は、**民主的**

意思決定・合意形成型意思決定・効率的意思決定をさらに備えた社会主義的民主主義をすでに構築している。中国共産党は、世界最大の執政党として、世界最大規模の国家統治と社会統治の実践のイニシアティブを上手くとり、民主集中制を原則とした政治制度の体系を確立した。その代表こそが、発展と改善を続けている党中央の集団指導体制である。

実践は「中国の制度が鄧小平基準に十分に合致していること」「基準に照らして実践と改革を重ねることで、さらなる成功を収め得ること」「これこそが、中国の制度が成功するための道であり、自信の源であること」を証明する。

集団指導体制の発展（一九二七－二〇一二年）

一九九〇年十二月二十四日、鄧小平は江沢民と李鵬との談話で、中国の鍵は、（中国）共産党が優れた政治局、特に、優れた政治局常務委員会をもつことである、と指摘した。ここに問題さえなければ、中国が揺らぐことはない。[4] 優れた中央政治局常務委員会は、中国社会の安定と持続的発展、急速な繁栄の鍵である。**中国の要は中国共産党にあり、中国共産党の要は中央政治局常務委員会にある。中央政治局常務委員会の要は指導制、**[5] **すなわち党中央の集団指導体制にある。**集団指導体制の最大の特徴は「集団」である。それは、組織が一つではなく「複数」であること、個人ではなく「集団」の智慧が反映されていること、個人ではなく「集団」による意思決定が行われていること、を表す。党中央の集団指導体制は、歴史が生み出し、その発生・形成・発展・完成の過程は、制度の改革・学習・変遷という試行錯誤の歩みである。つまり、二十八年におよぶ新民主主義革命で基礎が築かれ、その後、六十年以上に及ぶ新中国の建設、特にここ四十年の改革開放の実践の中で強化され、完成されてきたのである。

一九二七年から一九四八年は、集団指導体制の創設期である。一九二七年七月に中央政治局臨時常務委員会が成立し、[6]民族戦争・国内戦争・党内闘争を経て、特に一九四三年以降、党の中央指導部は安定を見せ、集団指導と個人分業が結びついた指導体制が形づくられた。一九四八年には正式な制度として、[7]中国共産党と中国人民を新民主主義革命の勝利に導く中で、強化・改善され、建国後の集団指導体制をスムーズに運営するための礎となった。

一九四九年から一九五七年は、集団指導体制の確立期である。この時期のほとんどは、第七回党大会で行った制度設計に基づき、中央書記処が党指導部となり、毛沢東・朱徳・劉少奇・周恩来・任弼時（一九五〇年十月死去）・陳雲が書記処書記に就任した。一九五六年の第八回党大会で、再び中央政治局常務委員会が設置され、第八期一中全会で毛沢東・劉少奇・周恩来・朱徳・陳雲・鄧小平が中央政治局常務委員に選出され、新中国の第一世代中央指導部が構成された。また、一九五八年の第八期五中全会において、林彪が中央政治局常務委員に補選され、七名の中央政治局常務委員が五つの組織を代表するという構図が形成された。[8]

一九五八年から一九七六年の「大躍進」と「文化大革命」期は、集団指導体制が深刻なダメージを受

けた時期である。一九五九年に毛沢東が国家主席を退いたことから、党中央・国家・軍事委員会の主席が三位一体となった指導体制が修正され、客観的には「一線」が前に、「二線」が後に、という二元権力構造が形成され、毛沢東個人と「一線」指導部の情報の非対称性が造り出された。また、毛沢東の独裁によって集団指導体制は弱体化し、このことは歴史的教訓として、後の指導者が集団指導体制を立て直す際の歴史的財産となった。

一九七七年から一九九一年は、集団指導体制が再構築された時期である。この時期は、中央政治局常務委員会が党の核心的指導部として機能し、各常務委員が主要な国家機関を代表した。また、中央書記処（一九八〇年二月から）が再設置され、中央書記処・中央政治局・中央政治局常務委員会という三段階の指導体制が復活した。一九八九年十一月までに、中央政治局常務委員会の六人が五つの機関を代表する構図がつくられ、鄧小平が党中央指導部から正式に退いたことで、政権交代が滞りなく完了した。[9][10]

一九九二年から二〇一二年は、集団指導体制が確固たる完成を遂げた時期である。第十四期一中全会から二十年間で、集団指導体制が確立するまで、大きく二段階に分けられる。第一段階では、中国共産党中央総書記・国家主席・中央軍事委員会主席の「三位一体」指導体制が復活し、第十四期・第十五期の中央政治局が「常務委員七名」で構成され、それぞれが六つの組織を代表するようになった。[11]第二段階では、第十六期・第十七期の中央政治局が「常務委員九名」で構成され、それぞれが八つの機関を代表するようになった。[12]この時期に集団指導体制が強化されたことで、党は政治的にさらなる成熟に向かい、党の執政能力は向上を続けた。また、中国経済は繁栄を維持し、社会は安定し、総合国力は強大化した。

中国の集団指導体制は、毛沢東から始まり、鄧小平で再建され、江沢民で強化され、胡錦涛で完成された。第十八回党大会以前には、集団引継制・集団分担協力制・集団学習制・集団調査研究制・集団政策決定制という五つの重要なメカニズムが形成されており、これは、彼らが次世代に残した最も重要な政治的財産である。複雑な国情に適応し、激しい国際競争において中国を勝利に導くこの体制は、米国の大統領制・二大政党制・「三権分立」制より優れ、実践・歴史・国際競争による検証にも耐え得るものである。

第十八回党大会以来、習近平を核心とする党中央は、時機を逃さず全体を見通すことで、集団指導体制に一連の重要な発展と革新をもたらした。五つのメカニズムに、集団外交制と集団自律制が加わり、特に核心体制が復活したことで、核心と七つのメカニズムという指導体制の仕組みが形成された。実践は、この体制が全面的な改革の深化・全面的な党内引き締め・国防の推進・人民解放軍の近代化・グローバルガバナンスへの全面的な参画とイニシアティブに適応することを明らかにしている。この点に関して、本書では第十八回党大会以来の集団指導体制の革新と発展を中心に考察する。

本書における分析の骨子

集団指導体制に関する研究で、われわれは早くから、**情報の非対称性と権力の非対称性という分析の骨子を提起している。**[13] 情報の非対称性とは、指導部メンバーが情報と知識を入手する仕組みに制約があること、互いが把握する情報と知識は対等でないこと、政策決定に関わるすべての情報を得ることは不可能であること、得た情報がすべて真実であるという保証はないこと、得た情報に基づく判断がすべて正しいという保証は不可能であること、を指している。情報と知識の非対称性を解消するためには、頻繁な情報交換・十分な情報交流・共通した情報共有が必要であり、情報と知識を補い合うことで、多くの知恵と有益な意見を広く集めることが可能となる。権力の非対称性とは、指導部メンバーがそれぞれ別の組織を代表することで、政策決定の権力に非対称性が存在することを指している。多数決の原則に基づいて民主的な政策決定を行わなければならず、これによって失策のリスクを減らし、可能な限り、誤った政策決定、特に、重大な政策に関する失敗を回避する。

本書では、第十八回党大会以来の集団指導体制の革新と発展に基づき、さらに踏み込んだ「情報の対称」と「効果的な政策決定」という分析の骨子を提起する。

情報の対称とは、指導部内で政策決定に関する情報を交流・共有し、問題を研究・検討する際に、メンバーの平等性を保ち、[14] 各々が持つ情報や知識を指導部に帰属させることで、平等な情報と知識をベースとする集団政策決定を行うことを指す。

効果的な政策決定とは、政策決定過程で民主集中制を実現し、政策決定の手順に厳格に従い、核心的リーダーが指導部の「班長（トップ）」として「一班人（一員）」と団結・協力し、互いに役割を果たして「核心と七つのメカニズム」の集団指導体制の優位を具現化することを指す。つまり、**研究と協議で**民主主義を適切に実行し、メンバー全員が忌憚なく意見を交わし、考えを述べ、見解を交わすことで、少数意見の理解に努めて合意形成を図ることである。**決議の際**には多数決の原則に基づき、指導部内で意見が分かれ決定が困難な場合には、核心的リーダーがメンバーの意見を集約し、指導部の最終的な政策決定を行い、行動を統一させる。**政策決定を実行に移す際**には、核心的リーダーが、指導部を代表して責任を負い、「団体責任という名の下で、実際には責任者が不在とならないようにしている」[15]のだ。

つまり、**指導部の「相乗作用」を維持しようとするなら、「班長」と「一班人」の知識と情報を集約し、智慧と能力を結集することで、政治上・政策決定上の合成力を形成する。また、核心的リーダーにうまく意見を聴いて、まとめてもらおうとするなら、全局を一手に握り、イニシアティブをとって厳しいチェックを行う。指導部が議論し、決定し、実行しようとするなら、責任をもって引き受ける。**

前述した分析の骨子に基づくと、本書は二つの内容を含んでいる。一つは、核心の含意と位置づけに関する検討であり、もう一つは、集団指導の七つのメカニズムに関する分析である。これらを六章に分けて論を展開していく。

第一章では、第十八回党大会六中全会で正式に提起された「習近平同志を核心とする党中央を中心に緊密に団結する」という表現から、核心が含む三つの意味を検討する。また、毛沢東・鄧小平・江沢民が「核心」について論じた内容を整理し、中国共産党がなぜ核心を必要とし、リーダーを必要とするのかについて、詳しく述べる。

第二章では、党総書記・国家主席・中央軍事委員会主席という「三位一体」の指導制が発展する過程で得た経験と教訓を総括し、核心の基本的特徴をまとめる。また、民主集中制を徹底する上で核心が果たすべき役割と、核心と党の基本原則である民主集中制との関係について、論述する。

第三章では、第十八回党大会以来、集団指導体制の実際の運用状況に基づき、集団引継制・集団分担協力制・集団学習制・集団調査研究制・集団政策決定制という五つのメカニズムに現れた一連の新たな特徴について、まとめと分析を行い、集団指導体制の新たな発展を提示する。

第四章では、第十八回党大会以来、日増しに顕在化している集団指導体制に現れた六つめのメカニズム、すなわち集団外交制について、中央政治局常務委員による外遊・国際的な多国間会議への出席・訪中外国人との会見という三つの視点から整理し、総括する。また、集団外交制が、中国のグローバルガバナンスへの全面的な参画とイニシアティブを反映し、世界に対してさらに大きな正の外部性の必要を生み出し、グローバルガバナンス能力が党の執政能力体系において重要性を増していることを具体的に示す。

第五章では、中央政治局が率先することと、法規制度によって制約を強化するという二つの視点から、第十八回党大会以来、党中央が形成してきた核心の責任・集団行動・制度による制約という集団自律制について、まとめと分析を行う。また、この仕組みが政治生態を浄化し、人民の訴えに応え、党と国家制度の体系、ひいてはすべての国家統治の体系とガバナンス能力の近代化等にもたらした影響を明らかにする。

第六章では、第十八回党大会以来、習近平を核心とした党中央が上げてきた国家統治と政治運営の一連の成果に基づき、集団指導体制を代表とする中国政治制度の優位を総括し、党中央指導部の歴史的役割が顕著に現れている「力の分解と合成説」により、中国の制度に対する自覚と信頼を強調する。

1 鄧小平『党と国家の指導制度改革』（一九八〇年八月十八日）、『鄧小平文選』第二巻　北京、人民出版社、一九九四年。
2 データは、世界銀行データベースに基づく。
3 米国のデータは、Science and Engineering Indicators 2016に基づく。
4 鄧小平『時機を逃さず、成長問題を解決する』（一九九〇年十二月二十四日）、『鄧小平文選』第三巻、三六五頁、北京、人民出版社、一九九四年。
5 胡鞍鋼『中央政治局常務委員会とそのメカニズム設計――中国共産党第十六期を例に』、二〇〇七年十一月十九日、『国情報告』、二〇〇七年第三十九期。
6 中共中央党史研究室『中国共産党の歴史』第一巻（上）、二七七頁、北京、中共党史出版社、二〇〇二年。
7 一九四八年、党中央は党委員会制の健全化について、次のように強調した。「党委員会制は集団指導を保証し、個人の独断を防ぐ重要な制度である。……集団指導と個人責任はどちらもおろそかにしてはならない」（中共中央文献研究室編『毛沢東思想年編（一九二一－一九七五）』、六〇一頁、北京、中央文献出版社、二〇一一年）。この点に関し、

8　鄧小平はこれを「党の集団指導強化に対し、とりわけ重大な影響を与えた」と評価した。（鄧小平『党規約の改正に関する報告』、一九五六年九月十六日、『鄧小平文選』、第一巻、二二九頁、北京、人民出版社、一九九四年）

9　五つの組織とは、中国共産党中央委員会・全国人民代表大会・国務院・中国人民政治協商会議・中央軍事委員会を指す。

10　五つの組織とは、中国共産党中央委員会・国務院・中央軍事委員会・中央規律検査委員会・中央宣伝部を指す。

11　一九九〇年七月、鄧小平は訪中したカナダ前首相ピエール・ドルドーに対し、「十年前、私は世代交代について考え、昨年（一九八九年を指す）ようやく完成した」と紹介した。中共中央文献研究室編『鄧小平年譜（一九七五－一九九七）』（下）、一三一八頁、北京、中央文献出版社、二〇〇四年。

12　六つの組織とは、中国共産党中央委員会・全国人民代表大会・国務院・中国人民政治協商会議・中央軍事委員会・中央規律検査委員会を指す。

13　八つの組織とは、中国共産党中央委員会・全国人民代表大会・国務院・中国人民政治協商会議・中央軍事委員会・中央規律検査委員会・中央政法委員会・中央宣伝部を指す。

14　胡鞍鋼『中国の集団指導体制』、一四－一五頁、北京、中国人民大学出版社、二〇一三年。

15　中共中央『新たな情勢下における党内政治規律に関する若干の準則』では、党委員会（党グループ）の主要な責任者を「研究・議論の際には、自身をほかのメンバーと同等に見なさなければならない」と規定している。

中共中央『新たな情勢下における党内政治規律に関する若干の準則』、第十八期六中全会可決。

第一章

核心の本質を正確に理解する

二〇一六年一月二十九日、中国共産党中央政治局会議は、公式には初めて「核心意識」に言及した。会議ではこのように考えている。「中国共産党の指導は、中国の特色ある社会主義制度最大の優位であり、党の指導を強化するには、まず、党中央による中央集権的指導を維持しなければならない。政治意識・大局意識・核心意識・模範（看斉）意識を強め、思想・政治・行動において、習近平同志を総書記とする党中央と足並みを揃えようと自覚してこそ、党は団結力を強化し、力を強めることができ、一貫して中国の特色ある社会主義事業の力強い指導の核心となることができる」。

二〇一六年十月二十八日、党第十八期六中全会コミュニケで、公式には初めて「習近平同志を核心とする党中央」という重要な表現を打ち出し、第十八回党大会以来の、習近平を核心とする党中央が全面的に行ってきた党内引き締めの成果を高く評価した。また、習近平を核心とする党中央を中心として、全党が密接に団結するよう呼びかけた。

二十一世紀の中国の政治を振り返ると、二〇〇二年十一月の党第十六期一中全会において、胡錦涛が党中央総書記に選出されてから十四年間は、その職にある個人を指して「核心」と呼ぶことはなかった。

二〇〇三年二月、党第十六期二中全会コミュニケの最後に行った全党に向けた呼びかけでは、「胡錦涛同志を総書記とする党中央の指導の下」と表現され[1]、「江沢民同志を核心とする党中央を中心に団結」という表現は踏襲されなかった。同年十一月、党第十六期三中全会コミュニケでの呼びかけでは、「胡錦涛同志を総書記とする党中央を中心として密接に団結」と、前回から一歩踏み込んだ表現に調整されている。

二〇〇四年九月、江沢民が中央軍事委員会主席を辞任する際、「胡錦涛同志は、中央指導部のトップであり、軍事委員会指導部のリーダーである」[2]と評した。これは、一九八九年に鄧小平が中央軍事委員会の主席を辞任する際に述べた、江沢民に関する評価と異なる点がある。鄧小平は当時、「私は、江沢民同志を核心と決定した党中央は、われわれ全党が行った正しい選択だと考える。江沢民同志は、軍事委員会主席として適格な人物である。なぜなら、彼は党総書記として適格な人物であるからだ」[3]と述べた。同年十一月、党第十八期四中全会コミュニケでは、第十六期三中全会コミュニケの「胡錦涛同志を総書記とする党中央」という表現が踏襲され、これは第十八回党大会前まで続いた。

二〇一二年十一月の第十八回党大会開会後、党中央は「習近平同志を総書記とする党中央」という表現を採用した。二〇一六年の党第十八期六中全会になって「習近平同志を核心とする党中央」と新たに表現された。これは、党第十三期四中全会で行った「核心を明確にする」という方法を継承し、これにより核心と七つのメカニズムという集団指導体制の枠組みが形成された。

習近平が党中央の核心・全党の核心という立場を確立することは、中国共産党の政治的伝統への回帰であり、「二つの百周年」を目指す中で起こる困難と挑戦に対応するものである。党第十八期一中全会において、習近平が党中央総書記、中央軍事委員会主席に選出されたことを「習近平時代」の幕開けと言うならば、**第十八期六中全会で「習近平同志を核心とする党中央」と公式に言及したことは、中国が全面的に「習近平時代」に突入したことを意味する。**このことは、核心の含意を正確に理解し、核心意識を積極的に強化するための重要な政治的意義を有している。したがって、本章では、核心の含意について研究を加え、毛沢東・鄧小平・江沢民が「核心」に関して行った論述を整理し、中国共産党はなぜ核心を必要とし、指導者を必要とするのかについて論じる。

一 「核心」に含まれる三重の概念

「核心意識」を強化するには、「核心」の含意について、正確に認識し、深く理解することが肝心である。中国共産党の六十年以上にわたる執政の歴史と党規約の内容から見ると、この「核心」には三重の概念が含まれている。

一つは「核心的な力」という概念である。一九五四年九月、第一期全国人民代表大会第一回会議における開幕の挨拶で、毛沢東が言及した「われわれの事業を指導する核心的な力は中国共産党であり、われわれの思想はマルクス・レーニン主義を基礎としている」という重要な論断は、つまり「中国共産党が社会主義事業の指導的核心である」ことを意味し、一九八二年の第十二回党大会で改正された「党規約」に盛り込まれた。これは、全中国に向けた言葉であり、全国の「核心」である。

二つは「指導的核心」という概念である。一九八二年、胡喬木は第十二回党大会で改正された「党規約」について、「新たな規約（第十一期五中全会後の実際の状況も同様）に基づき、党のすべての日常業務を指導する核心は、中央政治局常務委員会である」[4]と説明している。つまり、党中央、特に中央政治局と中央政治局常務委員会は、全党に対して統一的な指導を行う核心、ということである。これは全党に向けた言葉であり、「全党は中央に従う」という原則の中に非常によく反映されており、「全党の各組織とすべての党員は党大会と中央委員会に従う」ことを意味する。

三つは「核心的リーダー」という概念である。党の指導的核心集団の核心人物、つまり、党のリーダーを指している。この人物は、党を導く（つまり中国を導く）案内役であり、指導的核心集団の「班長」である。また、模範者（つまり、党の最高指導部の中で、率先して規則を守り、執行し、違法行為に反対する）[5]であり、重大な政策決定と結果に対して責任を負う人物でもある。

世界最大の執政党として、中国共産党にはリーダーが必要であり、リーダーこそ党の代表であり、党の模範である。八〇〇〇万人余りの党員を抱える世界最大の執政党として、どうしてリーダー不在とできるだろうか。**ただ、「文化大革命」の時代に毛沢東を神格化したことで、「偉大なリーダー」という言葉が濫用され、われわれに深い歴史的教訓を残した。しかし、この過ちは「制度ではなく、政治にある」[6]、つまり、党のリーダー制が誤っているのではなく、個人崇拝という誤ったやり方に原因があるのだ。**毛沢東について言えば、彼はずっと個人崇拝に否定的であった。しかし、党内のおよそ一部の人間の甚だしい個人崇拝により、毛沢東はやむなく、彼らに迫られるかたちで行動を起こした。これが「鍾馗の力を借りて鬼を打つ」の話となる。[7]

こうしたことから、一九八二年に改正した『党規約』では「党はどのような形であっても、個人崇拝を禁じる。党の指導者の活動は、党と人民の監督下にあると断言すると同時に、党と人民利益のすべてを代表する指導者の威信を守らなければならない」と明文化した。この規定は、党がどのような形態であっても個人崇拝を禁止することを表しており、同時に、党のリーダーの威信を守ることこそ、中国共産党とすべての人民の最大利益を守り、特に中国が世界の中心に足を踏み出している背景の下、全人類の共通利益を代表していることを表している。

二　毛沢東・鄧小平・江沢民が論じる「核心」

党の第一・二・三世代指導部の核心に関する論述は、核心の含意に関する知識を正確に理解する上で、重要な情報源である。

第一世代指導部の核心は毛沢東であるが、彼の論述は主に一つめの含意に重点が置かれている。つまり、中国共産党が社会主義事業を指導する核心的な力である、というものだ。暫定的な統計によると、四巻組の『毛沢東選集』で「核心」という文言が使用されているのは、本文中にわずか六か所と注釈内に三か所である。八巻組の『毛沢東文集』では、本文中に三十五か所と注釈中に八か所である。前述の「核心」に関する論述では、毛沢東は主に、党は人民の指導的核心であり、社会主義事業の核心であると強調している。[8] 例を挙げると「中国共産党は中国人民すべての指導的核心である。このような核心がなければ、社会主義事業の勝利は不可能である」[9]「われわれの革命事業の核心は、われわれの党である」

といった記述である。[10] なお、ここで言う「事業」とは社会主義的近代化事業を指し、「われわれ」とは中国人民全体を指している。

第二世代指導部の核心は、鄧小平である。**指導的核心に関する論述は、彼のものが最も多く、主に二つめと三つめの含意に重点が置かれている。**これは、鄧小平が当時置かれていた歴史的局面と指導的立場に直接的な関係がある。鄧小平は、その非凡な政治手腕によって、毛沢東思想の評価と継承問題に穏当な終止符を打ち、現実を踏まえて、第一世代指導部の核心という毛沢東の歴史的な立場を擁護した。また、第二世代指導部の核心という歴史的な責任を負うだけでなく、党と国家のため、将来を見据えて人材を見出し登用するという、その深い眼力で、一世代上の指導者とともに、江沢民を核心とする第三世代の中央指導部を後押しした。鄧小平の関連論述から見ると、中国共産党と各級党組織が置く核心的立場のほかに、「核心」が持つ二つの含意にも言及している。

まず、党の最高指導部という意味である。一九八八年に鄧小平は「私は、一九五四年から党中央の秘書長・軍事委員会副主席・国務院副総理に就き、一九五六年から党総書記を務め、指導的核心の中にいる」「第十三回党大会で、私と何人かの同志は指導的核心から退く」と述べている。[11] 一九八九年九月、鄧小平はさらに踏み込んで「第十三期四中全会で選出した江沢民同志をトップとした指導的核心は、すでに優れた成果を上げ任務を発展させている」と言及している。[12] 言うまでもなく、ここでの「指導的核心」は、中央政治局常務委員会を指している。

次に、党の最高指導部の核心人物、つまり党のリーダーという意味である。鄧小平は早くも一九六二年の「七千人大会」で、党委員会の集団指導を強調する際、特に「班長」の核心的役割に力点を置き「党委員会内部の仕事では、集団指導に気を配り、業務を分担して責任を負わなければならない。ここでは「班長」の役割が非常に重要である。わが党は、過去のある時期、中央と毛沢東同志が核心を設けることを強く提起した。**その後、核心はほぼ確立し、特にどのように「班長」の務めを果たすかが重視されるようになった。言い換えれば、必ず核心を立てなければならない、ということである。核心を立てなければ、散漫な状況に置かれ、この党委員会の業務を行うことはできない**[13]」と述べている。鄧小平のこの話には、二つの重要な考えが反映されている。一つめは、党委員会は指導的核心を確立する必要があり、核心は「班長」の務めを果たさなければならない、というものである。二つめは、**党委員会内部で、書記は「班長」の役割を果たさなければならず、これは核心となった後や核心となることを前提にしている、というものである。言い換えると、「核心」でなければ「班長」という役割を真に担うことはできないのである。**一九六四年、鄧小平はペルー共産党訪中代表団と会見した際、さらに明確に、党の核心的リーダーの問題に関して高度な自覚を表し「党にはリーダーが必要であり、指導的核心がいる」「リーダーこそ団結の核心であり、彼自身こそ力である」と強調した[14]。言うまでもなく、鄧小平が言及する基本的論理は、中国共産党が中央集権的統一を重んじ、民主集中制を実行しているため、リーダーを必要とし、核心がいるということである（コラム一－一参照）。

コラム一－一　鄧小平『党には指導的核心が必要である』（抜粋）（一九六四年十一月二十日）

レーニンは、著書『共産主義における「左翼」小児病』の中で、大衆・階級・政党・リーダーの関係について、はっきりと述べている。われわれの党は、高度に統一した意志をもつ革命の党であり、党の組織原則は、民主集中制である。党にはリーダーが必要であり、指導的核心がいる。……革命を起こそうとするならば、このような党を創設すべきである。労働運動や農民運動でさえ、リーダー不在ということがあって良いだろうか。リーダーこそ団結の核心であり、彼自身こそ力である。なぜ中国革命が勝利を収めたかと言うと、毛沢東のようなリーダーがいたからにほかならない。リーダーと集団指導は矛盾しないものである。

出典：鄧小平がペルー共産党（毛派）中央第一書記サトゥルニノ・パレーデスと会見した際の談話の一部分。『鄧小平文集（一九四九－一九七四年）』（下巻）、二二二頁、北京、人民出版社、二〇一四年八月。

天安門事件後、鄧小平は集団指導の核心について再び取り上げ、次のように述べている。「どのような指導部にも必ず核心があり、核心のいない指導は頼りにすることができない。第一世代指導部の核心は、毛主席である。なぜなら、毛主席という指導的核心がいたからこそ、『文化大革命』は共産党を打倒しなかったのだ。**第二世代は事実上、私が核心である。**なぜなら、**この核心がいた**からこそ、二人の指導者に変動が生じても、われわれの党の指導に何ら影響はなく、**党の指導は終始安定している。第三世代になっても指導部には核心が必要である。**この一点に関して、この場にいるすべての同志は、高い自覚を以て理解し、対応しなければならない。**意識的に核心を擁護するならば、今皆が同意した江沢民同志だけである**[15]」

鄧小平は、時の最高実力者という力をもって、一九八九年六月と十一月の二回の中央全会において、江沢民を党総書記と党中央軍事委員会主席に相次いで推挙した。江沢民は、さらに、一九九三年に国家主席と国家軍事委員会主席を担うこととなった。鄧小平は、制度上から「三位一体」の指導的核心体制を再構築し、一九四九年から一九五九年の毛沢東の指導的核心体制を復活させた。これは、鄧小平が残した最大の政治的資産であり、党・国家・軍事体制に画期的な歴史的意義をもたせただけでなく、最も重要なことは、中国の改革開放が社会主義路線に沿って引き続き前進することを保証し、同時期に起きたソ連共産党の亡党・ソ連の崩壊と鮮明な対照をなしたことである。

江沢民の「核心」に関する論述では、「核心」の形成・「核心」の役割・いかにより良く「核心」の役割を果たすか等の問題に対する彼の認識をより反映している。一九九九年、江沢民はこのように指摘している。「このように大きな政党を率い、このように大きな国家を治め、このように大きな軍隊を造り上げるには、**団結し統一した核心が必要である。これは、歴史の法則である。核心を擁護することこそ、党と人民の根本利益を守ることである**」「職務遂行の際、皆の知恵に頼り、強固な団結を拠り所とし、集団指導に拠って立たなければならない。**核心は、奮闘の中で形づくられたものであり、その役割は集**

団指導によって実現し、果たされなければならない。また、核心を擁護するには、党の路線・方針・政策を守り、徹底することで体現されなければならない[16]」

二〇〇〇年初め、江沢民はこうも述べた。「私を第三世代中央指導部の核心とすることは、鄧小平同志によって決定されたものである。……中央トップの役割を全うするには、第一に、全党の同志と多くの人民が奮闘の中で蓄積してきた経験にしっかりと拠ることである。第二は、中央の集団指導を信頼しなければならない、ということである。私がこれまで強調してきたことは、個人と集団の関係を解決しようとするならば、職務遂行の際、皆の智慧に頼り、互いの強固な団結を拠り所とし、集団指導に拠って立ち、全党をあげて知恵を出し、力を合わせなければならない[17]」。**これも、核心的指導部と核心的指導者との関係を正確に認識し対処するための基本原則であり、二つの高い自覚を持たなければならない。一つは、指導部の「一班人（一員）」であるという自覚を持ちながら、「班長（トップ）」としての核心的地位を保つことである。もう一つは、「班長」であるという自覚を持ちながら、指導部「一班人」の集団の知見に十分に頼ることである。**こうすることが、党の核心的指導部が一貫して、政治的な団結と堅固な力を持ち続けることを保証し、予測できない政治的事案が起こったとしても、適切に対応することができる。

以上を総合すると、前三代の党指導部に関する論述から、次の四つの要点にまとめることができる。**第一は、第三層の含意である党の指導的「核心」は、党のリーダーを指す、ということである。第二は、党には、指導部の核心として、リーダーが必要、ということである。第三は、党が重大な困難や試練に**

直面しているときには、強力な核心を強く打ち出し、擁護することである。第四は、党指導部の核心と構成員との関係をうまく処理しなければならないということである。このことは、われわれが目下の新たな時期・新たな情勢下で、核心の意味を正しく理解し、積極的に核心意識を高めることについて、重要な歴史的教示を備えている。なぜなら、毛沢東・鄧小平・江沢民の論述はすべて、長期にわたる実践から得た本質的な総括であり、次世代の歴史的財産であるためである。

三　党はリーダーを必要とし、核心がいる

偉大な時代には英雄が求められ、世界大国にはリーダーが求められる。中国は、まさに一つの偉大な時代にあり、必然的に人民の英雄さらには中華民族の英雄をつくりあげている。また、中国は、世界の強国となりつつあり、必然的に強国のリーダーさらには世界のリーダーがうまれ得るのだ。このことは、時代がもたらした得難い好機であり、歴史が授けた偉大な使命である。指導的核心こそ、積極的に戦略的好機を生み出し、歴史的使命を担おうとしなければならない。

時勢は英雄を育て、英雄もまた時代の流れを造り出す。グローバルな現代国家・現代政党の発展の歴史から見ると、核心的リーダーの出現には普遍性があり、中国共産党特有のものではない。大国の台頭や大党の執政はすべて、リーダー的人物が核心的役割を果たすことと密接に関係している。[18] これだけで

なく、国家と政党が重大な試練と存亡の危機に直面しているとき、核心的指導者は同様に、鍵となる役割を果たしている。[19]これら鍵となる役割を果たす核心的指導者も、往々にして一時代のシンボルとなる。

党の核心は、十数億の中国人民のリーダーである。人民、ただ人民だけが、世界の歴史を創る原動力である。[20]人民にはリーダーが含まれ、リーダーは人民のリーダーでもあり、全人民の根本利益・長期的利益を代表し、人民とともに歴史を創り出す。改革開放以来、中国社会は、全人民の絶対収入が増え続け、各階層の相対収入の格差が避けられない状況にあった。鄧小平は「先富」から「共同富裕」への道筋、江沢民は「三つの代表」、胡錦涛は「科学的発展観」と「権為民所用（権利は人民のために使う）」を提起した。さらに、習近平が提起した人民を中心とした発展的思想は、その大筋は依然として、毛沢東が提唱してきた大衆路線である。これは、オバマ前米国大統領が「ミドルクラス・エコノミクス（中産階級の経済学）」を掲げ、選挙で中産階級の票を獲得しようとしたこととは異なっている。中産階級は、圧倒的多数を代表するものではなく、人民すべてを代表するものでもない。さらに言うと、社会的弱者を代表するものでもないのである。

欧州では、政治屋と政治家の違いを「政治屋は次期選挙のため、政治家は次の世代のため」と区別している。しかし、中国共産党の政治家は、次世代だけでなく、その何代も後の世代のことまで考えている。例えば、毛沢東は一九五六年に、五十年（二〇〇六年までを指す）、六十年（二〇一六年までを指す）をかけて米国に追いつき追い越す「強国の夢」を提起した。[21]また、鄧小平は一九八七年に、将来を見据えて、中国の社会主義的近代化の「三歩走（三段階の発展）」戦略構想を掲げ、[22]一九八〇年から二〇五〇年という数代先まで言及している。その後の江沢民と胡錦涛も、この戦略構想に沿って、任期よりも未来の二〇二〇年構想を新たに提起している。習近平は「二つの百周年」だけでなく、より長期的な中華民族の大復興という「中国の夢」を掲げている。これは、さらに数代先までの目標である。

党の指導的核心は、中国社会主義的近代化の先導役である。中国の近代化は、従来の欧州型とは異なり、「加速型」・「キャッチアップ型」である。「後発優位性」を効果的に利用するほか、独特の「政治の優位性」も発揮すべきである。これには、社会主義制度の実行により形成された長期の「制度の優位性」を含み、さらにリーダー的人物の「先発の優位性」が含まれることから、キャッチアップ型の加速化が実現した。これは、中国GDP（購買力平価、一九九〇年国際ドル基準、以下同じ）の対米キャッチアップ率が異なる割合で上昇していることからも、説得力のある証明ができる。一九五〇年の一六・八三%から、一九五七年には二一・五九%に上昇し、その後はさらに、一九七六年の二一・四四%から二〇〇八年には九三・九二%に上昇している。それが経済成長率であっても成長持続時間であっても、現代世界経済上の記録を達成した。リーダー的人物は同じ代の人物と比べ、より先を見据え、より正確に見ているからこそ、中国の社会主義的近代化の歩みを加速することができるのだ。当然のことながら、先導役がつまずくと、この歩みに影響しうる。たとえば、一九五七ー一九七六年の中国GDPの対米キャッチアップ率は基本的には停滞しており、一九五七年の二一・五九%から、一九七六年には二一・四四%となった。[23]

歴史の発展から見ると、中国の近代化は標準的ではない。ひとつの側面として、人民は間違いなく歴史を創り上げ、歴史発展の原動力である。また、**偉大な政治リーダーは、歴史の発展を加速する牽引者であり、人民が歴史を創造する過程に大きな影響を与えることができる。**別の側面として、偉大な時代は偉大な政治家を生み、歴史の舞台に押し上げ、人民を率いて夢を追い求め、人民が憧れる幸福な生活を実現することができる。この意義から言うと、**国内では「代表」者に、対外的には「代弁」者となれる偉大な政治リーダーが必要である。**ここで言う「代表」とは、党総書記・国家主席・中央軍事委員会主席として、執政党・国家・国家武装力を代表することである。また、「代弁」とは、世界に向けて執政党や国家のイメージ、中国が歩む道のイメージ、中華文化のイメージを発信することである。この役割を担うのであれば、必然的に、党と国家の最高指導者が党の核心となり、党と国家を効果的に運営することが求められる。また、中国が世界の舞台に足を踏み入れるとき、世界のリーダーとして、中国を代表して、拡大を続けるグローバルガバナンスの重責を担うことになる。

指導部の政策決定から見ると、指導部において、強い力を持つ政治的核心人物の存在は、複雑な国内外の状況と、予見可能または予見不可能な試練に直面したときに最も重要な意義をもつ。つまり、核心的指導部内の情報コストを下げ、政策決定の情報を十分に共有し、政治的コンセンサスの達成をサポートすることができる。さらに、政治上の統一性を形成し、高い効率で重要な政策決定を行うことができるのだ。

四　まとめ

中国共産党は中国の社会主義的近代化事業の指導的核心であり、中国共産党中央政治局および常務委員会は、党の日常業務すべての指導的核心である。また党の核心的指導者は、党の核心的指導部の中心人物であり、十数億中国人民のリーダーである。全党の牽引者は、党中央指導部の「班長」であり、模範人物でもあり、党中央の重要な政策決定の責任者でもある。

偉大な時代には英雄が求められ、世界大国にはリーダーが求められる。核心的リーダーの出現は、時代の選択・歴史の必然であり、核心的リーダーは時代に記され、時代に深く影響を与える。また、核心的リーダーは、国内では「代表」者、対外的には「代弁」者という重要な役割を果たす。つまり、国内では、党総書記・国家主席・中央軍事委員会主席として、執政党・国家・国家武装力を代表し、対外的には、世界に向けて執政党や国家のイメージ、中国が歩む道のイメージ、中華文化のイメージを発信する。

指導部の中に、強い力を持つ核心的リーダーが存在することで、統一と団結を実現し、高い効率で重要な政策決定を行うことができる。また、改革の全面的深化と、全面的な党内引き締めの推進に有益である。

1　新華網（www.xinhuanet.com）北京、二〇〇三年二月二十六日報。

2　江沢民『私の心は永遠に人民解放軍とともに在る』（二〇〇四年九月二十日）、『江沢民文選』第三巻、六〇四頁、北京、人民出版社、二〇〇六年。

3　鄧小平『中央軍事委員会拡大会議の参加者と会見した際の談話』（一九八九年十一月十二日）。

4　胡喬木『「党規約」の改正問題に関する新華社通信記者の問いへの回答』（一九八二年九月十三日）、『胡喬木文集』第二巻、一九四頁、北京、人民出版社、一九九三年。

5　江沢民曰く、われわれの社会主義国家がいつまでも汚れることなく、党と国家を永遠に発展させるならば、制度に拠り、法に拠らなければならない。そして、結局のところ、高い素質を持って様々な困難に耐え得る人物に頼らなければならない。**制度でも法治でも、すべて人が制定し、執行し、遵守し、擁護するものである。よって、この根本的意義から述べると、最終的には人にかかっているのだ。**江沢民『中央政治局常務委員会「三つの講話」の回報における発言』（二〇〇〇年一月二十日）、『江沢民文選』第二巻、五五六－五五七頁、北京、人民出版社、二〇〇六年。

6　毛沢東の過ちは、新たに打ち出した新中国の社会主義制度にあるのではなく、社会主義路線を実践する過程での失策にあると、筆者は考えている。胡鞍鋼『中国国家統治の近代化』、二二頁、北京、中国人民大学出版社、二〇一四年。

7　一九六六年七月八日、毛沢東は江青にあてた手紙の中で、次のように記している。「私の友人（林彪を指す、筆者注）の発言では、中央が発動を促し、私が発動に同意する準備をしているとし、彼は専らクーデター問題を語った。彼のような表現の仕方は、これまであったことはない。彼の提起に、やはり私は不安を覚える。私が書いた小本にそのように大きな力があるとは、これまで一切信じたことはない。今、彼の大きな嘘で、全党全国がみな嘘をつき始めた。全く自画自賛の極みである。私は彼らに追いつめられて行動を起こすのだ。同意しなければ、彼らは納得しないだろう」「彼らの本音は、鬼を打つために、鍾馗の助けを借りたいということだろう。私は二十世紀、一九六〇年代という時代に、共産党の鍾馗となるしかないのだ」。『建国以来の毛沢東草稿』(第十二冊)、七一 - 七二頁、北京、中央文献出版社、一九九八年。

8 毛沢東が核心に関する論述で言及した別の面は、マルクス主義哲学の関係思想と方法である。例えば、毛沢東は「弁証法の核心は、対立物の統一の法則である。量から質への転換、否定の否定、結びつき、発展等は、すべて核心的法則の中で説明できる」と指摘している。

9 毛沢東『中国共産党は全中国人民の指導的核心である』(一九五七年五月二十五日)、『毛沢東文選』第七巻、三〇三頁、北京、人民出版社、一九九九年。

10 毛沢東『党の団結を強化し、党の伝統を継承する』(一九五六年八月三十日)、『毛沢東文集』第七巻、八七頁、北京、人民出版社、一九九九年。

11 『歴史の総括は、未来を切り開くためにある』(一九八八年九月五日)、『鄧小平文選』第三巻、二七一頁、北京、人民出版社、一九九三年。

12 鄧小平『中国共産党中央政治局に宛てた手紙』(一九八九年九月四日)、『鄧小平文選』第三巻、三二二頁、北京、人民出版社、一九九三年。

13 鄧小平『中央拡大工作会議における講話』(一九六二年二月六日)、『鄧小平文選』第一巻、三一〇頁、北京、人民出版社、一九八九年。

14 鄧小平『党には指導的核心が必要である』(一九六四年十一月二十日)、『鄧小平文集(一九四九 - 一九七四年)』(下巻)、二三二頁、北京、人民出版社、二〇一四年。

15 鄧小平『第三世代指導部の当面の急務』(一九八九年六月十六日)、『鄧小平文選』第三巻、三一〇頁、北京、人民出版社、一九九三年。

16 江沢民『十年に及ぶ軍事委員の職務の回顧と総括』(一九九九年十一月二十四日)。

17　江沢民『中央政治局常務委員「三講（三つの重視）」の状況に関する回報の講話』（二〇〇〇年一月二十日）。

18　例えば、新しく誕生した米国にはワシントン、（南北が）統一し、経済の飛躍的な発展が始まった米国にはリンカーンがいる。統一ドイツにはビスマルクがいる。新しく誕生したソ連共産党とソ連にはレーニンがいる。新しく誕生した中国共産党と中華人民共和国には毛沢東がいる。

19　例えば、米国のルーズベルトは、世界恐慌を克服し、第二次世界大戦に勝利し、世界の覇権を握る基礎を固めた。スターリンは、祖国防衛戦争からソ連共産党とソ連を勝利に導いた。

20　毛沢東『連合政府を論ず』（一九四五年四月二十四日）、『毛沢東選集』第三巻、一〇三一頁。

21　毛沢東は一九五六年、第八回党大会第二回準備会議で次のように指摘した。中国は世界で最も強大な資本主義国家、つまり米国（当時、すでに建国二百年に近づく。引用者注）に追いつかなければならない。米国の人口はわずか一億七〇〇〇万人であり、中国の人口はその数倍あり、資源も豊富である。気候条件はほぼ変わらず、追いつくことは可能である。追いつくべきではないだろうか。当然、追いつかなくてはならない。仮に、五十年（二〇〇六年を指す。引用者注）、六十年（二〇一六年を指す。引用者注）あれば、当然、米国を追い越すだろう。毛沢東『党の団結を強化し、党の伝統を継承する』、一九五六年八月三十日、『毛沢東文集』（第七巻）、八八－八九頁、北京、人民出版社、一九九九年。

22　一九八七年四月、鄧小平はスペイン副首相アルフォンソ・ゲラとの会談の際、初めて完全に、三段階に分けた戦略目標の実現について詳しく述べた。第一段階は、八〇年代で倍にすることである。一九八〇年を基準とし、当時、わずか二五〇米ドルだった一人当たり国民総生産を、五〇〇米ドルまで倍増する。第二段階は、二十世紀末までに、さらに倍増し、一〇〇〇米ドルを目指す。この目標の実現は、われわれが「小康社会（ややゆとりを実感できる社会）」に踏み込み、貧困の中国から、ややゆとりのある中国へと変化することを意味する。その時の国民総生産は一兆米ドルを超え、一人当たりの数字は低くても、国力は相当に増している。さらに、鄧小平は、中国の長期的発展の第三段階もさらに重要な段階であると明確に言及した。つまり次の世紀で、三十年から五十年の間に四倍、おおよそ一人当たり四〇〇〇米ドルを目指すとした。鄧小平『歴史の経験を活かし、過ちに向かうことを防ぐ』、一九八七年四月三十日、『鄧小平文選』第三巻、二二六頁、北京、人民出版社、一九九三年。

23 計算データは、Angus Maddison, Statistics on World Population, GDP and Per Capita GDP, 1-2008 AD に基づく。
http://www.ggdc.net/MADDISON/oriindex.htm

第二章

核心的地位の深い理解

習近平総書記は、党中央の核心であり、全党の核心である。この核心が政治的指導の核心である以上、党中央と全党は擁護し従わなければならない。また、思想的理論の核心でもあり、全党が思想や理論を真剣に学び、深く理解することが必要である。「核心」という身分は、政治的責任と政治的権威を代表し、思想の改革と理論の権威を代表している。「核心」こそ一種の体制であり、党中央と全党が思想を統一し、行動を統一する上で重要な制度的措置である。

党の歴史から見ると、「核心」体制も、試行錯誤を繰り返しながら成熟しつつある。これを表しているのが、党中央委員会総書記・国家主席・中央軍事委員会主席が「三位一体」となった制度の枠組みである。このことについて、次に挙げる点をさらに踏み込んで考察しなければならない。「三位一体」制度の発展過程における経験と教訓をいかにして理解するか。毛沢東・鄧小平・江沢民・習近平は、全党の核心となったが、彼らにはどのような共通点があるのか。彼らが全党の核心としての地位を確立し固めるのに、どのような要素が支えとなったのか。核心と党の基本的組織原則である民主集中制との間には、どのような関係があるのか。民主集中制を徹底して実行する上で、核心はどのような役割を果たさなければならないのか。指導部において、「班長」である核心的リーダーとして、「一班人」とどのようにコミュニケーションをとり、集団指導制度の効率的で秩序ある運用を確保しなければならないか。本章では、これらの点について検討を加えてみたいと思う。

一　党の核心という問題における歴史的経験と教訓

指導者の核心的地位を確立する上で、われわれは、長期にわたる実践と試行錯誤の中で、成功を収めたこともあれば、深い教訓を得たこともある。

建国後を例にすると、一九四九年十月の新中国成立後から、毛沢東は中央指導部の核心であり、同時に、中国共産党中央委員会主席・中央人民政府主席・中央軍事委員会主席であった。これは、典型的な「三位一体」の枠組みにおける指導的核心である。つまり、党を代表し、国家を代表し、さらには人民解放軍とその他の武装力を代表するものである。この指導的核心体制は一九五九年まで維持されたが、毛沢東によって変更が加えられた（表2－1参照）。

スターリン死去後、ソ連共産党に起きた重大な変化から考えてみる。一九五六年第八回党大会の際、毛沢東はすでに中央指導層に「一線二線（業務の分担）」制度を設けていた。一九五七年、毛沢東は二期全人大で国家出席を再任しないと提案した。彼はこのように発言している。「……いくつかの重要な問題を集中して研究するため、一九五八年から当分の間、この任務を辞したい」「今は雑事が多く、問題の研究を非常に妨げている」[1]。一九五八年十二月九日、中国共産党八期六中全会で国家主席の候補者を決定する際、毛沢東は、国家主席を再任しなければ「マルクス・レーニン主義の理論事業に多くの時間を割いて取り組める」と考えていた。[2]一九五九年、劉少奇が正式に国家主席に選出され、客観的には

表2－1　党・国家・軍隊の最高指導者の変遷（1949年10月から現在）

時期	党中央委員会主要責任者	国家主席	党中央軍事委員会主席	国家中央軍事委員会主席
1949.10－1954.9	毛沢東（党中央委員会主席、以下主席という）	毛沢東（中央人民政府主席）	毛沢東	毛沢東（中央人民政府人民革命軍事委員会主席）
1954.9－1959.4	毛沢東（主席）	毛沢東	毛沢東	毛沢東（国防委員会主席）
1959.4－1966.8	毛沢東（主席）	劉少奇	毛沢東	劉少奇（国防委員会主席）
1966.8－1968.10（第8期12中全会）	毛沢東（主席）	—	毛沢東	—
1968.10－1976.9	毛沢東（主席）	—	毛沢東	—
1976.10－1980.2	華国鋒（主席）	—	華国鋒	—
1980.2－1981.6	胡耀邦（党中央委員会総書記）	—	華国鋒	—
1981.6－1982.9	胡耀邦（主席）	—	鄧小平	—
1982.9－1983.6	胡耀邦（党中央委員会総書記、以下総書記という）	—	鄧小平	—
1983.6－1987.1	胡耀邦（総書記）	李先念	鄧小平	鄧小平
1987.1－1987.11	趙紫陽（総書記代行）	李先念	鄧小平	鄧小平
1987.11－1988.4	趙紫陽（総書記）	李先念	鄧小平	鄧小平
1988.4－1989.6	趙紫陽（総書記）	楊尚昆	鄧小平	鄧小平
1989.6－1989.11	江沢民（総書記）	楊尚昆	鄧小平	鄧小平
1989.11－1990.3	江沢民（総書記）	楊尚昆	江沢民	鄧小平
1990.3－1993.3	江沢民（総書記）	楊尚昆	江沢民	江沢民
1993.3－2002.11	江沢民（総書記）	江沢民	江沢民	江沢民
2002.11－2003.3	胡錦涛（総書記）	江沢民	江沢民	江沢民
2003.3－2004.9	胡錦涛（総書記）	胡錦涛	江沢民	江沢民
2004.9－2005.3	胡錦涛（総書記）	胡錦涛	胡錦涛	江沢民
2005.3－2012.11	胡錦涛（総書記）	胡錦涛	胡錦涛	胡錦涛
2012.11－2013.3	習近平（総書記）	胡錦涛	習近平	胡錦涛
2013.3－現在	習近平（総書記）	習近平	習近平	習近平

新華網・中国共産党ニュースネットワークに基づき関連情報を整理。

中央指導層内部に、毛主席と劉主席という「二つの核心」が形成された。一九六六年十月、これに対して毛沢東は、中央工作会議で次のように説明した。「私の責任は、一線と二線に分けられる。なぜ、一線と二線に分けるのか。一は体調不良、二はソ連の教訓を鑑みたからである。私は死ぬ前に、彼ら（劉少奇と鄧小平を指す）の威信を確立したい。今は悪い方へと向かってしまった結果、独立した勢力となり、多くのことが私に相談されない[3]」。しかし実際のところ、毛沢東はすでに中央政治局会議と常務委員会会議を取り仕切ることは少なく、主に劉少奇・周恩来・鄧小平の責任のもと会議が招集されていた。その後、毛沢東に報告し、毛沢東が指示または書面により指示回答した上で、中央政治局と常務委員会が執行していた。毛沢東本人が核心的リーダーの職責を果たすという面では、「空席」であるうえに、「越権」でもある。なぜなら、「空席」があって「越権」でき、個人が集団での政策決定を否定して、中央政治局とその常務委員会の上に君臨することができるからである。このような状態は、毛沢東がこの世を去るまで続いた。

鄧小平時代にも深い歴史的教訓がある。しかし、鄧小平は同時に歴史的にも重要な貢献をしている。鄧小平は、第二世代中央指導部の核心として、「文化大革命」後、党中央総書記・国家主席には就任せず、総書記・国家主席・中央軍事委員会主席を三名の中央政治局常務委員が担う方法を採用した。当初の目的は、中央指導部の後継者に経験を積ませることであるが、同時に、個人に権力が集中することや個人崇拝を避けるねらいもあった。一九八七年の第十三回党大会後、鄧小平は中央の核心的指導部を退いていたが、引き続き中央軍事委員会主席であった。当時、中央指導層の内部にも総書記（胡耀邦、後に趙紫陽）と鄧小平という「二つの核心」が形成されたが、指導的核心体制が決してうまく調整されているわけではなかった。自然に党上層部に「二つの声」が生まれ、国外ではこれが誇張され、利用された。このことも、「八六」学生運動や天安門事件が起こった原因のひとつである。一九八九年の第十三期四中全会・五中全会に至るまで、鄧小平はこれらの経験を総括して教訓とし、この鍵となる問題を根本から解決し、党中央指導部には一つの指導的核心のみ存在しうると明確に言及した。これにより二つの指導的核心が併存するという状況を終わらせ、四年という時間をかけて（一九八九年六月から一九九三年三月を指す）、「三位一体」の指導的核心制度が正式に復活した。

一九四九年以来の党・国家・軍隊の最高指導者の変遷（表2－1参照）から容易に理解できるが、建国前には指導的核心の「三位一体」を十年間実行しており、毛沢東は党・国家・軍隊の最高指導者を同時に担っていた。その後、この体制を変え、三十数年という長い時間（一九五九－一九八九）の中で試行錯誤が続いた。一九九三年になって再び「三位一体」の指導的核心体制が復活し、江沢民・胡錦涛から習近平に至るまで、非常に長い間、党中央総書記・国家主席・中央軍事委員会主席を同時に担ってきた。党の長期執政の歴史から、**「三位一体」の指導的核心体制は安定して実効的であり、党の集団指導と団結を保証し、国家の政治的安定と軍の政治的安定を保障できる**ことが明らかとなった。江沢民が指摘するとおり、「党総書記・国家主席・軍事委員会主席の三位一体の指導体制と指導形式は、われわれのような大党・大国にとって必要である上に、最も適切な方法である[4]」。

二　核心的指導者の基本的な特徴

党指導部の核心は、中国共産党政治家グループの傑出したリーダーである。党政治家グループはどのように定義すべきだろうか。このグループの一員となるには、どのような基準を満たさなくてはならないのか。

このことは一九六四年六月に毛沢東が提起したプロレタリア革命事業の継承者育成に関する五つの条件まで遡ることができる。[5]要約すると、この五つの条件とは、理論を理解し、人民のために団結を重んじ、民主を重んじ、自己批判せよ、ということである。

三十年の時を隔て、一九九四年の党第十四期四中全会で採択された『中国共産党中央委員会の党建設強化におけるいくつかの重大な問題に関する決定』第十六条で、上層部、特に省以上の党政府機関の主要な指導幹部に対し、マルクス主義に忠実に従い、中国の特色ある社会主義路線を堅持し、党を治め国を治める政治家となる努力をするよう、五つの条件に言及している。

（一）確固たる政治的信念を持ち、一貫して冷静な思考力を保ち、自ら進んで党の基本理論と基本路線を堅持して、様々な試練を乗り越えなければならない。（二）視野を広げ、国情を熟知し、世界を理解し、自由に物事を考え、事実に即して真実を求め、実行方法の検討を改革し、発展への道を切り開かなければならない。（三）気持ちを開放し、党派性を語り、大局に気を配り、民主集中制を模範的に実行し、品行方正を心がけ、能力のある者を任用し、同志らと共にうまく活動しなければならない。(四)強いリーダーシップを備え、リーダーシップを重んじ、時機を判断して情勢を推し量り、全局をコントロールし、各方面の足並みをうまく揃えなければならない。(五)優れた仕事ぶりを発揮し、クリーンな政治を行い、刻苦奮闘し、実情を掘り下げ、調査研究し、謙虚で慎み深く、大衆とつながり、人民の利益のために誠心誠意尽くさなければならない。これらの条件と毛沢東の後継者育成に関する条件を比較すると、条件はさらに厳しく、内容もより具体化されており、党のプロレタリアートの政治家が時代とともに変化していることを表している。

二〇〇二年十一月、新華社は、新しく選出された中国共産党第十六期中央委員会について報道する際、党中央委員会を初めて明確に「**政治家グループ**」と定義し、政治家グループの人選に対して一連の要請を行った。[6]文中にはこのように書かれている。「党中央は明確に言及している。新たな中央委員会は、マルクス・レーニン主義・毛沢東思想・鄧小平理論で武装して、「三つの代表」という重要な思想を忠実に実践し、中国の特色ある社会主義路線を揺るぎなく進まなければならない。また、人民のために誠心誠意尽くし、終始時代の先頭をゆくことで、複雑な局面をコントロールし、様々な試練に対応できる政治家グループでなければならない。さらに、政治的にも思想的にも組織的にも高いレベルで団結し、党・国家・軍を治め、生気にあふれ、向上心に燃える政治家グループでなければならない」

党のリーダーは、党政治家グループのトップとして、また牽引者として、いつでもこれらの要請と基準に合致した模範的な役割を果たさなければならない。これだけでなく、彼らには一連の重要な特徴がある。

第一に、全党と全国人民が公認し、党中央の主要責任者としての政治的地位を有している。人民が公認するとは、民心が向かうところでもあり、民心は最大の政治である。説明すべきは、改革開放の時期には、指導者が党中央の実際の主要責任者という政治的地位とその党内職務が完全に対等ではなかったことである。例えば、鄧小平は生前、党中央の主要な指導的職務を担ったことはなく、[7] 改革開放後も、党中央委員会主席・党中央総書記または国家主席の職に就いたことはない。しかし、党の第二世代指導部の核心である。

第二に、より高い政治的権威を有している。党・国家・軍隊における重大な事務・改革・人事配置等の面で、主導権を握り、集団的政策決定の過程で最終決定を行い、責任を負う。また、指導部内に大きな相違が存在し、民主的な手順で政策決定が難しい場合に、「鶴の一声」で、最終的な政策決定に導く役割を果たす。「核心」がいてこそ、民主集中制が求める「集中」という機能を担うことができ、指導部内における思想の統一や効果的な政策決定によって、全党の団結と統一を守ることができる。

第三に、党の理論体系に対して大きく貢献することは、党の思想が中核部分を革新するということである。これまでの『中国共産党規約』の改正状況から見ると、第七回・第十五回・第十七回・第十八回党大会で決定された『党規約』には、毛沢東思想・鄧小平理論・「三つの代表」思想・科学的発展観が、それぞれマルクス・レーニン主義に並べられ、党の行動指針に盛り込まれている。第十八回党大会以来、習近平は、人民を中心とした発展的思想の理論体系に言及し、「四つの全面」の戦略構造・「五大発展」

の重要理念・一連の現代中国マルクス主義的政治経済学の重要思想等を含んでいる。新しい歴史的条件のもと、改革開放を深化させ、社会主義的近代化を加速するため、科学理論的指導と行動指針を示したのだ。

第四に、国家の統治体系と統治能力の近代化に対し、大きく貢献している。毛沢東は新中国の基本となる制度を創設し、鄧小平はこれらの制度を立て直しただけでなく、制度改革を推進した。また、江沢民と胡錦涛は、社会主義の基本制度を確立し、社会主義市場経済を構築した。この基礎があり、習近平は初めて「中国の特色ある社会主義制度を完成・発展させ、国家の統治体系と統治能力の近代化を推進する」という重大な任務を提起し、これを全面的に深化・改革することを総目標とした。

第五に、中国人民を率いて民族の復興を実現する過程で、困難を乗り越え、大きく踏み出している。毛沢東の中華民族復興への貢献は、旧中国が長らく奴隷化してきた歴史に終止符を打ち、政治的に独立し、経済的に自立した中華人民共和国を創立し、比較的完成された国民経済体系、特に近代工業体系を築いたことにある。アンガス・マディソンのGDP（購買力平価規格、一九九〇年国際ドル）の算出に基づくと、[8]一九五〇年の中国の対米キャッチアップ率は一六・八三％で、[9]毛沢東が死去した一九七六年には二一・四四％まで向上した。[10]二十六年間を合わせると、四・六一ポイント上昇している。この後に、鄧小平は改革開放時代を切り開き、彼が正式に退いた一九八九年には、キャッチアップ率は三五・九七％にまで上昇し、十三年間の累計では一四・五三ポイント増加し、毛沢東時代を上回る大幅な伸びを示した。江沢民は改革開放の「バトン」を引き継ぎ、二〇〇二年には、キャッチアップ率は六五・三五％

まで上昇しており、十三年間の累積増分は三〇ポイントに近づいた。

胡錦涛が党中央総書記に就いていた十年間で、世界銀行GDP（購買力平価規格、二〇一一年固定国際ドル）データに基づいて算出した中国の対米キャッチアップ率は、二〇〇二年の四一・四三％から二〇一二年の九四・九〇％に上昇し、十年間の累計は五三・四七ポイントとなり、米国への追い上げが最も顕著な時期であった。二〇一三年、中国GDPは米国を超え、二〇一六年には、中国の対米キャッチアップ率はさらに一一四・七七％にまで上昇した（表2－2参照）。習近平を核心とする党中央は、小康社会の全面的な建設という一つめの百周年目標を実現するだけでなく、二つめの百周年目標と中華民族の偉大なる大復興を実

表2－2　中国GDPの対米キャッチアップ率（1950－2016年）

（%）

年度	アンガス・マディソン（購買力平価、1990年国際ドル）	世界銀行データ（購買力平価、2011年固定国際ドル）
1950	16.83	—
1957	21.59	—
1976	21.44	—
1989	35.97	18.6（1990）
2002	65.35	41.43
2007	93.92（2008）	62.48
2012	—	94.90
2013	—	100.60
2014	—	105.42
2016	—	114.77

注：算出データは、アンガス・マディソン世界経済データベース（西暦元年－2008年）および世界銀行データベースより。

現するため、揺るぎない基礎を築こうとしている。

第六に、人類の発展に大きく貢献している。毛沢東は、早くも一九五六年には「中国貢献論」、つまり、二十一世紀には中国は人類に対して大きな貢献をしなければならない、と言及している。[11] 一九七八年、鄧小平はさらに踏み込み、中国は第三世界に対してさらに多くの貢献をしなければならない、と提起している。[12] 江沢民は一九九七年にこれを一歩進め、中国は人類に対し、新たに、より大きく貢献するよう努力しなければならない、と言及している。[13] 二〇〇七年に胡錦涛は、また一歩踏み込み、中国は人類の文明に大きく貢献すると述べた。[14] 二〇一二年十一月、習近平は、新たな党中央総書記に選ばれた記者会見で、われわれの責任は、全党・全国・各民族の人民を団結して導き、歴史のバトンを繋ぎ、中華民族の偉大なる大復興を実現するために努力を続け、世界のあらゆる民族の中で中華民族を力強く自立させ、人類のために新たに、より大きく貢献していく、と話した。[15] さらに、習近平は独自の「中国の夢」を提起し、世界の夢と相通じており、中国は一貫して地球規模の発展に貢献していく、と言及した。[16]

三　核心は、民主集中制を徹底する先導役

民主集中制は、リーダーと集団指導との間に決して矛盾がないことを決定づけた。

鄧小平は一九六二年の「七千人大会」において、次のように指摘したことがある。「民主集中制は、

党と国家の最も本質的な制度であり、われわれに受け継がれてきた制度でもある。この従来型の制度を堅持し、完成させていくことは、非常に重要なことである。また、党と国家の運命に関係するものである」[17]

核心的立場に置かれている指導者の存在について、制度的な意義から言うと、民主集中制を徹底して執行することにある。また、民主主義と中央集権化は相反せず、併存するものであり、いかにして両者を統一するかということが鍵である。このため、客観的に「核心」の存在が必要とされるのだ。その理由は、民主主義が集団に依存していることにあり、「核心」への集権化は、**民主集中制を効果的に運用する「二本の脚」である。**

一本目の脚は、民主主義のメカニズムである。つまり集団指導を堅持し、民主主義によって情報の対称性を向上させることである。集団指導なしには、「民主主義」とは言えない。毛沢東が提起した「情報交換」の原則のように、中央指導部のメンバー各自が持つ情報を交換し合い[18]、重大な案件について集団政策決定の原則に忠実に従わなくてはならない。つまり、政策決定時には、私心をはさまず誠意をもって、十分に議論し、意見を交換し、指導部内での十分な交流と民主主義の発揚を通じて、できる限り情報・知識・経験の非対称性を解消しなければならない。現実を見据えて正しい行動をとり、自由な発想を持ち続けるには、中央政府の正式な会議（例えば、中央政治局常務委員会・中央政治局・中央委員会全体会議等）で正式決定を行い、重要な戦略の決定は、十分な調査研究と入念な下準備をし、科学的かつ合理的に、周到かつ慎重に進める。これにより、中央指導部のコンセンサスを十分に反映し、集団の政治的英知の集大成を示すことができるのだ。

もう一本の脚は、中央集権のメカニズムである。つまり、指導部メンバーから集めた意見を基に、「班長」がコンセンサスを促し、決定し、責任を負うことである。一方では、実際の運用上、必ずしも民主主義の後に自動的に政策決定がなされる訳ではなく、反対に、重大な問題をめぐる争いや指導部内で食い違いが発生しうる。この時、党における意思の統一と行動の統一を保証するため、「班長」が説明し、リードし、説得することが必要であり、さらには異論を極力排除し、最終的な政策決定を行わなければならない。例えば、一九五〇年に毛沢東が、一部の指導者による反対がある中で、最終的には朝鮮戦争に出兵することを決定したように、である。**もう一方は、**投票により票数の少ない方が多い方に従うというルールに沿って決議したとしても、執行過程においては、「班長」が一歩踏み込んだコミュニケーションを図ってイデオロギー上のコンセンサスを形成し、決議執行の質を向上し、政策決定を真に必要としているところに落とし込まれなければならない。それゆえ、「班長」はリスクを孕む重大な問題に対して最終決定を行い、指導部を代表してその責任を負うのである。これは指導部内に知力と力を持つ核心を求めており、この核心がいなければ、真の「中央集権」とは言えない。指導部は優秀で職責を果たしうる「核心」を成立させてこそ、民主主義の後、いかにして中央集権化するのかという問題を真に解決することができる。また、核心の成立は、党の民主集中制の原則を効果的に運用するために必然的に求められる[19]のである。

四　指導部の「班長」と「一班人」との関係

一九九九年、江沢民は「（核心が）職務を果たすには、皆の知力・揺るぎない団結・集団指導に頼る必要がある。核心は奮闘の歴史の中から形づくられたものであり、**核心の役割は集団指導を通じて実現し、発揮されなければならない**。核心を守るには、党の路線・指針・政策を擁護し徹底することにより体現しなければならない」[20]と指摘した。また、二〇〇〇年初めには、こうも述べた。「私を第三世代中央指導部の核心としたのは、鄧小平同志の決定によるものである。……中央の指導という職務をやり遂げるには、まず全党の同志と多くの人民が奮闘の歴史の中で積み重ねてきた経験がよりどころであり、次に中央の集団指導に頼ることが必要である。私がこれまで強調してきたことは、個人と集団の関係をうまく取り計らうには、職務遂行時に、皆の知力・揺るぎない団結・集団指導・全党の同志が出し合った智慧をよりどころにしなければならない」[21]。言うまでもなく、**中央指導部が健全で、効率良く職務を遂行するには、まず団結し、次に適切な方法で集団指導を行わなければならない**。

①指導部を擁護する団結

グループの団結は、指導部が機能するための核となる要素である。一九三九年、毛沢東は「中央と上層部が結束しさえすれば、全党はきっと団結するに違いない」[22]と指摘している。一九五四年、党内で

「高崗・饒漱石事件」が起きた後、毛沢東が提起し第七期四中全会で可決された『党の結束強化に関する決議』の中では、党上層部の結束に対する一連の重要な見解が示されている。毛沢東は、「党中央委員会および省（市）委員会以上の責任者と、武装部隊の上層責任者の結束は、とりわけ革命の勝利を決定づける最も大切な鍵である」と指摘し、さらに全党上層部の結束強化について、六条の規定を提案した。[23] その中で特に、党団結の唯一の核は党中央であると強調し、重大な問題は直接、党中央の政治局・書記処または中央主席に報告・伝達しなければならない、とした。

一九七八年、鄧小平もまた「全国の各民族の団結を強化するには、まず全党の団結を強めなければならない。特に、党の指導的核心の結束である。わが党の団結は、マルクス・レーニン主義・毛沢東思想という土台の上に築かれたものである」[24] と指摘している。一九八九年、彼は幾度もこう強調した。「優れた政治局、とりわけ優れた常務委員会があり、**結束し、**職務に励みさえすれば、模範となることができる。たとえ腐敗撲滅でも、模範となり、どのような騒動があっても阻むことができるのだ」[25]「われわれは大国である。われわれの指導が安定し、揺るぎないものであれば、あのように誰もが中国には処置なしとするだろう」「あなた方がこのグループを良くしようとするなら、集団指導を形成することが肝要である。あなた方は、うまく協力し合える集団でなければならない」[26]。明らかなことは、団結していない常務委員会のグループには、「安定し、揺るぎない」指導は不可能であり、「うまく協力し合う」政治局面を形成することもできないのである。

党の核心を擁護することは、党指導部の団結と統一を守ることである。核心なしには団結とは言えず、団結なしには相乗効果を生み出すことはできない。核心が指導部「一班人」の団結を守るには、舵取りをして全体をまとめ、団結を擁護することで、指導部の協力関係を築く必要がある。習近平は、早くも十年前に浙江省委員会書記を担っていた時、このことに対して優れた論述をまとめている。二〇〇七年、習近平はこのように書いている。「**グループの主たる責任者は、『船』の長である。舵取りをして全体をまとめる役割を果たすなら、『船』全体の力を結集し、正しい航路に沿って前進させなければならない。グループ内の他の構成員は、それぞれ職務を司り、力を合わせ、このように『和（仲が良い）』から『合（共に）』に、皆が団結し調和をとることで、協力関係を築くことができる**」[27]。これは、習近平の「班長」と「一班人」に関する「協力論」と言えよう。この協力とは、指導部の団結が源である。どのような団結が適切な団結であるのか。「党の団結は、マルクス・レーニン主義を基礎とした団結でなければならず、適切な政治原則と組織原則を土台とした団結でなければならない」[28]。この「適切な政治原則と組織原則」の一点に集中することが、党の中央集権的指導に有効である。「党団結の唯一の中心は、党中央であり[29]、**党中央の団結の唯一の中心は中央政治局およびその常務委員会である。また、中央政治局常務委員会の団結の唯一の中心は、党のリーダーである**。団結は、指導部が指導的役割を果たす土台であり、核心を擁護することは指導部の団結を守ることである。核心意識は、最も重要かつ根本的な政治規律であり、政治規則である。

②適切な職務遂行を堅持

指導部は、職務を遂行する上で適切な方法を堅持しなければならない。これはまず、核心が指導部の一班人の「班長」となる必要がある。このことは、毛沢東が最初に言及したことであり、公開されている文章や講話でも多く取り上げられている。二〇一六年二月、習近平はかつて毛沢東の『党委員会における職務遂行の技術』を専門に学び、重要な意見を書いたことがある。内容を見ると、『党委員会における職務遂行の技術』が「情報交換」や「バランス感覚を磨く」等多岐にわたり十二条（コラム二ー一参照）にまとめられ、「班長」と「一班人」がいかにして適切な仕事の方法を維持して党委員会の職務を遂行するかについて、重要な指導をしている。[30]

コラム二ー一　党委員会における業務遂行の技術（抜粋）（一九四九年三月十三日）

一、党委員会書記は「班長」に相応しくあらねばならない。書記は良い「班長」となるため、よく学び、研究しなければならない。書記と委員の関係は、少数が多数に従うものである。

二、問題を机上に挙げなければならない。陰で議論をしてはならない。問題があればすぐに会議を開き、「班長」と委員は、互いの了解を得なければならない。

三、「情報交換」すること。つまり、党委員会の各委員間で、知っている事情を互いに知らせ、交流を図らなければならない。

四、理解していない問題や調査をしていない問題は、下の者に確認しなければならず、不用意に賛成あるいは反対を表明してはならない。
五、「バランス感覚」を修得する。党委員会は中心的任務をしっかりと把握し、また、これに対応しながらその他の職務を行わなければならない。
六、しっかりと把握すること。つまり、党委員会の主たる職務は、「把握」だけでなく、「しっかりと把握する」ことが必要である。
七、胸中で「理解」すること。これは、情況と問題について、その数に留意し、基本的な数量の分析を行わなければならない。
八、「事前通知」すること。会議を招集するには、予め通知しなければならない。もし準備が整っていないのであれば、急いで会議を開く必要はない。
九、「少数精鋭」であること。講話・演説・文章や決議案、みな簡単明瞭でなければならない。会議も長すぎてはならない。
十、自分の意見と異なる同志とも団結し、ともに職務に励むこと。われわれは、意見が同じ同志だけではなく、意見が異なる同志とも団結して、職務を遂行しなければならない。
十一、傲慢さを厳しく戒めること。党指導者の誕生日を祝うことや、党指導者の名で地名・街路名・企業名をつけることを禁じ、刻苦奮闘の仕事ぶりを保ち、功績を褒め称えることを制止する。
十二、二つの物事のけじめをはっきりさせること。まず、革命か反革命か。次に、革命軍の中で、正しいか誤りか、業績か不十分な点かのけじめをつけなければならない。

出典：『毛沢東選集』第四巻、一四四〇－一四四四頁、北京、人民出版社、一九九一年。

核心の最も重要な任務は、指揮と調整の役割を果たし、指導部内で認識の統一と行動の一致を図ることである。この問題に対し、習近平は二〇〇三年に『浙江日報』で発表した『多くの声と一つの楽曲』の一文で、こう指摘している。有能な人物の指導技術は、……党内の民主主義を十分に発揚し、民主的・合理的な政策決定と、党委員会のメンバーの認識の統一と行動の一致を確保することにある。これは、ある種の音楽隊のように、一人の指揮者しか存在し得ない。指揮者がいなければ、音楽隊の演奏は調和がとれず、それぞれが出す音が集まると「雑音」に変わってしまう。音楽隊を指揮する優れた技術は、音楽隊を巧みに優雅に指揮し、様々な楽器が心地よいハーモニーとなって人を惹きつける交響曲となる。構成員を指導する「有能な人物」は、このような指揮者になるべきであり、「様々な声」を「一つの曲」にまとめ上げることで、指導部の政策決定にできる限り客観的な事実と人民の利益を符合させるようにしなければならない[31]。

党の歴史、特に新中国成立後の歴史から見ると、「班長」の能力とその果たす役割は、指導部の「一班人」の能力とその役割との間で、乗法の関係ができている。すなわち習近平が提起する合力論である。両者は、民主集中制の原則と集団指導制度を基礎として、相互に促進し、補完し合ってさらに良い結果が生まれている。また、核心が強く、メンバーも強く、集団指導制度を良好に運用できれば、強い指導部となる。

強固な力をもつ中央政治局常務委員会には、強力かつリーダーの使命を担える核心だけでなく、若く精力旺盛で、卓越した能力をもつ「一班人」の存在が欠かせない。例えば、一九四九年から一九五六年の第八回党大会は、**核心に力があり、メンバーにも力がある強力な指導部が存在した代表的な時期である。**この時期は、毛沢東が党のリーダーで、積極的に集団指導制度を擁護し、異なる意見も指導部内で、率直かつ平等に交わされ、他人の意見を取り入れることが許容されていた。また、党内の民主集中制は、継承され、堅持しつつ改善され、第八回党大会ではさらに、大会報告というかたちで、一連の優れた指導体制が正式に認められた。

人的資本の観点から、党中央指導部の「班長」と「一班人」は、全員が高いレベルの能力を有する政治家であり、多くの知識と相互補完性を備えている。また、核心的リーダーのトップと指導部の指導は、互いに補完し合う関係にある。指導部内で十分に民主主義を発揮し、核心の役割が果たされる中で、適切に中央集権化が実現し、党の指導体制が正しい道を歩むよう、ともに努力しなければならない。

五　まとめ

党中央総書記・国家主席・中央軍事委員会主席が「三位一体」となる指導的核心体制は、党の六十年余りの建設と改革の歴史の中で試行錯誤しつつ安定し、さらに成熟して形を確立した重要な指導制度である。これにより、党の集団指導と団結統一を保証することができ、国家の政治的安定と軍の政治的安定を守ることができる、必要かつ妥当なものである。

まとめると、党の歴代の核心的指導者は、一連の重要な特性を備えている。この特性には次のことが含まれている。全党全国人民が公認した党中央政治局の核心的地位を有していること、さらに大きな政治的権威を有していること、党の思想的リーダーと核心として、党理論の体系に多大な貢献をしていること、国家統治の体系と近代化の推進能力に対して大きく貢献していること、中国人民を率いて民族復興のあゆみを大きく進展させること、世界強国である中国のリーダーとして、中国を代表して全人類に対して多大な貢献をすること。

核心と党の集団指導体制には矛盾はなく、むしろ、集団指導体制が民主集中制の原則に照らして効果的に運用されることを保証している。核心は、民主集中制を貫く先導役であり、率先して民主主義を発揚した上で、効果的に大勢の意見を整理し、責任を負うことで、指導部の団結と統一を確保し、有効な政策決定を実現する。また、「班長」としての核心は、指導部の「一班人」とともに指導部の団結を擁護しなければならず、さらに、指揮し調整する役割を果たさなければならない。これにより、指導部内で認識の統一と行動の一致を図り、核心と指導部メンバーとの知識と能力の「かけ算の効果」を実現し、指導の相乗効果を形成している。

1 中共中央文献研究室編、逄先知・馮蕙監修『毛沢東年譜（一九四九－一九七六）』第三巻、一四七頁、北京、中央文献出版社、二〇一三年十二月。
2 同右、五四九頁。

3　中共中央文献研究室編『毛沢東伝（一九四九－一九七六）』、下巻、一四四九頁、北京、中央文献出版、二〇〇三年。

4　江沢民『私の心は永遠に人民解放軍とともに在る』（二〇〇四年九月二十日）、『江沢民文選』第三巻、六〇一－六〇七頁、北京、人民出版社、二〇〇六年

5　毛沢東は次のように述べた。「プロレタリア革命事業の継承者をいかにして育成しようか。五つの条件があると私は考える。第一に、教育の幹部はマルクス・レーニン主義を理解すべきであり、より多く理解するとさらに良い。第二に、多くの人民のため、多くの中国人民のため、多くの世界人民のために利益をはからなければならない。第三に、多くの者と団結するには、以前反対したことがあり、自分が誤って反対した人物も含まなければならない。また、一人が政権に就くと、閣僚がすべて変わることもあってはいけない。第四に、大事が発生したときには同志らに相談し、様々な意見を聴かなければならず、民主を語るならば、自分の一存で物事を決めてはならない。第五に、自分に過ちがあれば、自己批判をしなければならない」。毛沢東が一九六四年六月十六日午後に招集した党中央政治局常務委員会と各中央局第一書記会議の席での講話を参照した。中共中央文献研究室編、逄先知・馮蕙監修『毛沢東年譜（一九四九－一九七六）』第五巻、三六三頁、北京、中央文献出版社、二〇一三年十二月。

6　『先人を継ぎ将来の道を開く、重い使命を背負う――党の新たな中央委員会誕生記』、新華社北京二〇〇二年十一月十四日報。

7　鄧小平は、第八回党大会後に「総書記」となった。この職は、中央書記処第一書記に相当し、中央の主要責任者は依然として、当時、党中央委員会主席を担っていた毛沢東であった。

8　データは、Statistics on World Population, GDP and Per Capita GDP, 1-2008 AD. http://www.ggdc.net/MADDISON/oriindex.htm、二〇一六年四月四日に検索して計算したもの。

9　キャッチアップ率（つまり追いつく率）は、関係指標上、中国の数値が米国の数値に相当する割合を指す。

10　計算に基づくと、一九五〇年から一九五六年のわずか六年間で、中国の対米キャッチアップ率は二〇・七七％に上昇

した。しかし、一九五七年から一九七六年の二十年間では、〇・六七%しか上昇しなかった。

11 毛沢東は、一九五六年に『孫中山先生を記念する』の一文で次のように指摘している。「一九一一年の革命、すなわち辛亥革命では、今年で四十五年に過ぎないが、中国の状況は一変した。さらに四十五年が過ぎると、つまり二〇〇一年、二十一世紀になった時には、中国の状況はさらに大きな変化を遂げているだろう。中国は強大な社会主義工業国に変化を遂げるであろう。中国はこのようにならねばならない。なぜなら中国は、九六〇万㎢の土地と六億人もの人口を有する国家であり、人類に対して大きく貢献しなければならない。しかし、このような貢献は、過去の長きにわたって非常に少なく、われわれは慚愧に堪えない」。毛沢東『孫中山先生を記念する』（一九五六年十一月十二日）、『毛沢東文集』第七巻、一五六－一五七頁、北京、人民出版社、一九九九年。

12 鄧小平は次のように述べた。「われわれは今、大変貧しく、プロレタリア階級の国際的義務の面では、まだできないことが多く、貢献は非常に小さい。四つの近代化を実現すれば、国民経済は発展し、われわれが人類、特に第三世界にできる貢献は多くなるであろう」。鄧小平『四つの近代化を実現し、未来永劫覇を唱えない』（一九五七年五月七日）、一一二頁、『鄧小平文選』第一巻、北京、人民出版社、一九九三年。

13 一九九七年十一月、江沢民が米国を訪問した際、このように指摘した。「中国は、広大な領土・多くの人口・悠久の歴史を有する国家として、人類に対して大きな貢献をしなければならない。だからこそ、中国人民は、長きにわたり不撓不屈の奮闘を続け、幾度となく変革して国家の繁栄を実現し、民族の団結を強化して祖国統一という大業を成し遂げ、世界平和と発展という崇高な事業を促進しようとしているのだ。帰する所はつまり、「中華民族の偉大なる復興を実現し、人類に対し新たに、より大きな貢献をしたい」という一つの目標のためである」。江沢民『相互理解を深め、友好関係を強化する』（一九九七年十一月一日）、『江沢民文選』第二巻、六三頁、北京、人民出版社、二〇〇六年。

14 胡錦涛は、次のように指摘した。「二〇二〇年になって小康社会の全面的な建設という目標が実現したときには、……、外国に対していっそう開放的になり、親密感を備え、人類の文明のために多大な貢献をするような国家となる」

（胡錦涛『中国の特色ある社会主義という旗を高く掲げ、小康社会を全面的に建設して新たな勝利を勝ち取るために奮闘する――第十七回党大会における報告』（二〇〇七年十月十五日）、出典は、中共中央文献研究室編『第十七回党大会以降の重要文献選編』（上）、一六頁、北京、中央文献出版社、二〇〇九年）

15 新華社北京二〇一二年十一月十五日報。

16 習近平は幾度も公表している。「中国の夢とは、平和・発展・協力・ウィン・ウィンの夢であり、世界各国の人民の夢と相通じる。中国は一貫して地球規模の発展に貢献し、共に発展する道を歩んできた。ウィン・ウィンとなるよう開放戦略を守り続け、中国の発展体験と好機を世界各国と分かち合い、中国的発展の「急行」・「ヒッチハイク」・「カーシェアリング」を各国が達成することを歓迎する」中共中央宣伝部『習近平総書記の重要講話読本』（二〇一六年版）、一五一―一六頁、北京、学習出版社、二〇一六年。

17 鄧小平『中央工作拡大会議における講話』（一九六二年二月六日）、『鄧小平文選』第一巻、三一二頁、北京、人民出版社、一九八九年。

18 毛沢東『党委員会における職務遂行の技術』（一九四九年三月十二日）、『毛沢東選集』第四巻、一四四一頁、北京、人民出版社、一九九一年。

19 もちろん、われわれが中央集権と「核心」を強調するときには、同時に次のことに留意しなければならない。客観的に言うと、中央政治局とその常務委員会の「核心」は、指導部のその他の構成員が有する権力と比べて優位であり、このことが事実上の権力の非対称性を生み出している。権力の非対称性は、党の中央集権的指導の強化に影響を与えるが、同時に二つの可能性もある。つまり、政策決定が適切であれば、中央集権的指導は物事を成し遂げるのに有利だが、万一、政策決定が失敗であった場合は、中央集権的指導はかえって悪い方へ作用してしまう。それゆえ、核心と指導部、すなわち中央政治局常務委員会は、政策決定時の情報の対称性を最大限向上させることにより、集団政策決定の論理性と集団の知力を十分に具現化することが必要である。また、情報の対称性を通じて、権力の非対称性が科学的かつ論理的に運用されることを保証し、正面というよりも裏面から政策決定に影響を与えることが必要となる。民主主義を十分に発揚し、情報の対称性が十分に確保された上での政策決定を実現しさえすれば、毛沢東の晩年の過ち、つまり著しい情報の非対称性と権力の非対称性が重なり合うことを回避できる。

20 江沢民『十年にわたる軍事委員会の職務の振り返りと総括』（一九九九年十一月二十四日）、『江沢民文選』第二巻、四八〇頁、北京、人民出版社、二〇〇六年。

21 江沢民『中央政治局常務委員会「三講」の状況報告講話』（二〇〇〇年一月二十日）、『江沢民文選』第二巻、五七六頁、北京、人民出版社、二〇〇六年。

22 毛沢東『反投降提綱（降伏反対に関する要点）——延安上層部会議における報告および結論の要点』（一九三九年六月）、『毛沢東文集』第二巻、二二八頁、北京、人民出版社、一九九三年。

23 この六条の規定は次のとおりである。（一）党団結の利点はすべてに勝る。それゆえ、これを守り固めることを自身の言論と行動の指針とすべきである。つまり、党の団結にとって有益なことは口にし、不利益なことは口にしない。また党の団結に有益なことは実行し、不利益なことは実行しない。（二）党は、労働者階級の先人が統一し結集した組織であり、唯一の核は党中央である。それゆえ、いかなる地域、いかなる機関の党組織とその職務も、中央の統一的指導のもとにあるすべての党とその職務から切り離すことができない一部分、と考えなければならない。また、どのようなグループ思想・小団体の悪習・地方主義・セクト主義・自己本位主義も拒否し、中央の統一的指導を妨げ、中央の団結と威信を損なう、いかなる言論や行動にも抵抗しなければならない。（三）党の団結を担保する重要なひとつは、民主集中制と集団指導の原則を厳格に遵守することである。それゆえ、分散主義と個人主義を断固として拒否し、自身が指導する地域と機関を独立した勢力と見なしてはいけない。また、個人を組織の上に据えてはならず、個人の役割を不適切に重視し過ぎてはならない。傲慢さを持つこと、個人を崇拝することもしてはならない。（四）全党上層部の重要な政治活動と政治的意見は、所属する党組織に向けて常に報告と伝達をするものとし、その関係が特に重要な事であれば、直接、党中央の政治局・書記処または中央主席に報告と伝達をしなければならない。もし、党組織や中央を通らず個人的または小グループの政治的意見を流布することは、党内における違法活動、また、党規律に違反し、党の団結を破壊する行為であり、拒否し、禁止しなければならない。(五) 全党上層部は、党の団結強化の原則に則り、自身の言論と行動を確認しなければならない。党の団結に不利益となる言論と行動はすべて改めなければならない。『党の団結強化に関する決議』(一九五四年二月十日中国共産党第十期中央委員会第四回全体会議における毛沢東の提案に基づき可決された決議)、『建国以来の重要文献選編』第五冊、一一一－一一二頁、北京、中央文献出版社、二〇一一年。

24　鄧小平『自由な発想で、事実に基づいて真実を求め、団結してともに将来に目を向けよう』(一九七八年十二月十三日)、『鄧小平文選』第二巻、一四八頁、北京、人民出版社、一九九三年。

25　鄧小平『第三世代指導部の当面の急務』(一九八九年六月十六日)、『鄧小平文選』第三巻、三一〇頁、北京、人民出版社、一九九三年。

26　鄧小平『改革開放政策の安定、中国の大いなる希望』(一九八九年九月四日)、『鄧小平文選』第三巻、三一八頁、北京、人民出版社、一九九三年。

27　習近平『「和」すれば「合」となる』(二〇〇七年一月十九日)、『之江新語』二五四頁、杭州、浙江人民出版社、二〇〇七年八月。

28　『党の団結強化に関する決議』、一九五四年、第七回党大会四中全会可決。

29　同右。

30　毛沢東『党委員会における職務遂行の技術』(一九四九年三月十三日)、『毛沢東選集』第四巻、一四四〇－一四四三頁、北京、人民出版社、一九九一年。

31　習近平『多くの声と一つの楽曲』(二〇〇三年十一月十三日)、『之江新語』、二二頁、杭州、浙江人民出版社、二〇〇七年八月。

第三章

集団指導五大メカニズムの発展

党中央の集団指導体制は、集団引継制・集団分担協力制・集団学習制・集団調査研究制・集団政策決定制の五つのメカニズムが含まれている。第十八回党大会以来、党中央は積極的に集団指導のメカニズムの革新と発展を推進しており、五つのメカニズムに一連の新たな特徴が現れている。またそれらは、習近平を核心とする党中央の国家統治と政治運営に関する新たな理念・思想・戦略に対応している。このほか、集団外交制と集団自律制も強化している。習近平は「党は党建設に力を入れており、最も重要な経験とは、長期にわたって形成してきた歴史的経験と成功の方法を総括し、新しい情勢の任務と実践の要請を踏まえて革新することである」[1]と言及している。本章では、主に第十八回党大会以来の集団指導体制「五つのメカニズム」の革新と発展に重点を置いて、整理する。

一　集団引継制と集団分担協力制

集団引継制は、党と国家の指導的権力を、次期指導部にスムーズに引き継ぐための制度的措置を指している[2]。この措置も、毛沢東時代に個人が次の後継者を指名していた歴史的教訓を十分に活かしたものであり、集団で考察し、選出し、職務を交代し、引き継ぐ方法を採用したものである。集団引継制の際立った特徴は、後継者が多様なレベルの経験を積まなければならないことにある。特に省委員会書記を担当して省の統治を学び、在任中の中央指導部メンバーの助手となって国家統治を学ぶなど、長期間にわたる育成と実地での経験を積むことで、次期中央指導部のメンバーとなることができる。文化大革命収束後の党中央の政治に関する実践から見ると、集団引継制は、党と国家の指導部の権力が混乱なく引き継がれ、集団指導体制がスムーズに受け継がれるための重要な制度的保障である。また、中央指導部の新旧交代を効果的に促進するための制度化・標準化・ルーティン化である。

集団分担協力制は、中央政治局常務委員会のメンバーが、党全体と各方面の指導的核心の役割の調整を一手に引き受けることを起点とし、それぞれが異なる機関の代表となり、異なる職務を分担して管理し、同時に足並みを揃えて力を合わせ、重大な政策決定を行う制度を指している。第十六期と第十七期の中央政治局常務委員会の分担から見ると、九名の常務委員のうち四名が、党中央・中央軍事委員会・政府（国務院）・全国人民代表大会・全国政治協商会議を分担して代表する（それぞれ当該組織の職務に関して全面的に責任を負い、党総書記は中央軍事委員会主席を兼任するとともに、国家主席となり対外的に国家を代表する）。ほかの五名の常務委員会委員も、党の組織業務・広報およびイデオロギー業務・規律検査（中央規律検査委員会書記として）業務・政法（中央政法委員会書記として）業務を分担し、政策決定の情報を共有し、戦略構想を創造し、政策決定に対する意見を調整し、合理的に政策決定を行う。

集団引継制と集団分担協力制は、集団指導体制において基礎的な役割を果たしている。集団引継に混乱がなければ、政治の安定に効果的であり、後継の指導部も揺るぎないものとなり、党自身が背負う歴史的使命を果たすことができる。指導部内の職務の分担が合理的であれば、連携がより密になり、政策決定の情報を共有し、合理的に効果の高い政策決定ができ、指導部の団結と統一を守るのに有効に作用する。党の第十八期一中全会招集後、この二つの基礎的メカニズムの具体的な内容と第十八回党大会前とを比較すると、重要な変化が起きている。

第一に、常務委員会の規模が縮小され、中央政治局常務員会の人数が、第十七期の九名から今期は七名に減少している。歴史的に見ると、中央政治局常務委員会の人員規模に関して、党規約では明確に規定されたことがなく、実際の必要に応じて決定している。第十一期三中全会以来、常務委員会委員の人数は六名から七名に増え、再び六名に減り、さらに五名まで減っている。第十三期の五名から

表3－1　11期三中全会以来の中央政治局常務委員会の委員数の変化

会議（時間）	人数	姓名
11期三中全会（1978.12）	6	華国鋒、葉剣英、鄧小平、李先念、陳雲、汪東興
11期五中全会（1980.02）	7	華国鋒、葉剣英、鄧小平、李先念、陳雲、胡耀邦、趙紫陽
11期六中全会（1981.06）	7	胡耀邦、葉剣英、鄧小平、趙紫陽、李先念、陳雲、華国鋒
12期一中全会（1982.09）	6	胡耀邦、葉剣英、鄧小平、趙紫陽、李先念、陳雲
12期四中全会（1985.09）	5	胡耀邦、鄧小平、趙紫陽、李先念、陳雲
中国政治局拡大会議（1987.01）	5	趙紫陽、鄧小平、李先念、陳雲、胡耀邦
13期一中全会（1987.11）	5	趙紫陽、李鵬、喬石、胡啓立、姚依林
13期四中全会（1989.06）	6	江沢民、李鵬、喬石、姚依林、宋平、李瑞環
14期一中全会（1992.10）	7	江沢民、李鵬、喬石、李瑞環、朱鎔基、劉華清、胡錦涛
15期一中全会（1997.09）	7	江沢民、李鵬、朱鎔基、李瑞環、胡錦涛、尉健行、李嵐清
16期一中全会（2002.11）	9	胡錦涛、呉邦国、温家宝、賈慶林、曽慶紅、黄菊（2007.06病没）、呉官正、李長春、羅幹
17期一中全会（2007.10）	9	胡錦涛、呉邦国、温家宝、賈慶林、李長春、習近平、李克強、賀国強、周永康
18期一中全会（2012.11）	7	習近平、李克強、張徳江、兪正声、劉雲山、王岐山、張高麗

注：この表は著者が整理したものである。資料の出典は、中共中央党史研究室『中国共産党の歴史』、第2巻、北京、中共党史出版社、2011。

徐々に増え、第十六期と第十七期には九名となった（**表３－１参照**）。今期に至っては、中央政治局常務委員会の委員数は、再び第十四期・十五期の七名体制に戻っている。

基本的な特徴と職務の経歴から見ると、今期の常務委員会委員の平均年齢は六三・四歳に上昇し、第十六期と十七期（六二・一歳）を上回ったが、第十五期（六五・一歳）よりは低くなった。地方統治の経験をさらに積み、今期の中央政治局常務委員の着任前に、省委員会書記あるいは省長官に就任していた年数は平均八年となり、過去三期の中央政治局常務委員会よりも長い年数となった。[3]

第二は、常務委員の業務分担の調整である。このことと常務委員数の減は対応

表３－２　中国共産党第14期から18期の中央政治局常務委員の職務および分担

期＼職務／分担	党中央総書記	国家主席	中央軍事委員会主席	全国人民代表大会委員長	国務院総理	全国政治協商会議主席	国家副主席	中央軍事委員会副主席	国務院常務副総理	党の組織業務	党の広報業務	党の規律検査業務	党の政法業務
14期（7名）	✓	✓	✓	✓	✓	✓		✓	✓	✓			
15期（7名）	✓	✓	✓	✓	✓	✓	✓	（✓）	✓	✓		✓	
16期（9名）	✓	✓	✓	✓	✓	✓	✓	（✓）	✓	✓	✓	✓	✓
17期（9名）	✓	✓	✓	✓	✓	✓	✓	（✓）	✓	✓	✓	✓	✓
18期（7名）	✓	✓	✓	✓	✓	✓			✓	✓	✓	✓	

注：この表は著者が中国共産党ニュース（インターネット）の情報に基づいてまとめ、整理したものである。（✓）は、当該期の常務委員が中央軍事委員会副主席を兼任するという状況に、当該期内に変動が生じたことを表す。具体的には、第15期中央政治局常務委員会では、胡錦涛が1999年に中央軍事委員会副主席に就任した。第16期中央政治局常務員会では、胡錦涛が2004年に中央軍事委員会副主席を辞任し、中央軍事委員会主席に就任した。第17期中央政治局常務委員会では、習近平が2010年に中央軍事委員会副主席に就任した。

している。具体的に見ると、**調整の一つめは、常務委員は国家副主席と党中央政法委員書記の二つの職の兼任を止めたことである。調整の二つめは、組織業務とイデオロギー広報業務という二つの党務を、二名での分担から一名の担当としたことである。**第十七期中央政治局常務委員会を見ると、習近平の常務委員会内での序列は五番目であり、国家副主席・中央書記処書記・中央党校校長を兼任して、組織口を主とした党務を担当し、二〇一〇年からさらに中央軍事委員会副主席に着任している。また、李長春は党の広報およびイデオロギー業務を担当し、周永康は党の政法業務を担当している。第十八回党大会から、劉雲山は、習近平が担当する組織口と広報およびイデオロギー業務の二つの党務を補佐し、国家副主席・中央政法委員会書記はすべて中央政治局委員が受け持っている。

中央政治局常務委員会が「七名体制」に戻り、常務委員の職務分担を調整したことは、政策決定層内の情報コストの引き下げ・政策決定の効率の向上・指導部の団結と統一の強化に対して、積極的な影響を及ぼしている。また、第十八回党大会以来求められている中央集権的政策決定や効率の高い政策決定にも、より相応しいものとなっている。

二　集団学習制

中国共産党は、学習型の政党である。一九四一年には、毛沢東が『学習の改善』の中で、全党の学習に対して三つの条件を提起している。すなわち、国際および国内の現状を体系的に研究すること、中国の歴史を体系的に研究すること、中国革命の実際の問題を中心としてマルクス・レーニン主義を研究すること、である。[4] また、一九八七年には鄧小平が再び、改革開放という新たな知識を学び、マルクス・レーニン主義の毛沢東思想を学ばなければならないと強調した。[5] 二〇〇三年二月に党中央集団学習制が正式に確立して以来、[6] 中央政治局は一貫してこの制度を維持し、全党の学習強化に対して良好な先導模範的な影響を与えている。

二〇一六年末までに、第十八期中央政治局は合計三十七回の集団学習を実施している。内訳は、二〇一三年が十二回、二〇一四年が七回、二〇一五年が十回、二〇一六年が八回となっている。内容を見ると、**中央政治局の集団学習は、「四つの全面」戦略構想とグローバルガバナンスへの全面的な関与、「五位一体」の全体構成と国防及び軍隊建設という各分野に幅広く言及しており、習近平を核心とする党中央が、国内と国際の二つの大局を捉え、中国を率いて社会主義的近代化の強国を目指すという大筋を示している。** これまでの中央政治局の集団学習と比較すると、今期の中央政治局は、情報共有とコミュニケーション重視、政治討論と専門家からの教授、オープン学習とコミュニケーション、革新的学習と集団的知恵の共有等の長所を土台として、[7] さらに新たな特性が現れている。

第一に、集団学習のテーマ選定に、その特性が顕著に現れている。 第十八期中央政治局の四年にわたる集団学習のテーマ選定は、ネットワーク強国の建設・党内政治の引き締め・人口高齢化への対応・公安体系の整備・市場による資源配分中での決定的影響の発揮・自由貿易区建設の加速・海洋戦略と海洋強国の建設などが取り上げられ、これまでの中央政治局の集団学習ではほとんど注目されていないものがテーマとなっている。これは、**今期の党中央が国家統治と政治運営を行う上での重点的な職務と、国内外の新しい情勢や問題に対し、強力な指向性を有している。**

第二に、歴史から学ぶことを重要視している。今期の中央政治局の集団学習のテーマ選定は、その多くが、中華文明史・国内戦争史・伝統文化史を取り上げており、さらに国家統治や、腐敗を撲滅しクリーンな政府を築いてきた歴史にも触れている。例を挙げると、「歴史上のシルクロードと海上シルクロード」「中華民族の愛国精神の歴史形成と発展」「中国人民の抗日戦争の回顧と思考」「中国の歴史に見る国家統治」「中国の歴史に見る腐敗撲滅と清廉政府の構築」等がテーマとして選定されている。このほか、マルクス主義の歴史分析法の学習を重視し、「史的唯物論の基本原則と方法論」をテーマ選定の一つに挙げ、さらに一部の政治局委員を配置し、「歴史について踏み込んだ思考の中で、より良い未来に向かって、中国の特色ある社会主義の発展に適う答えを引き継ぐ」というテーマについて重点発言をさせている。**これにより、今期の党中央が中華民族と中国共産党の歴史から学びとった自覚と能動性を具体的に示し、習近平の高度な文化的・歴史的自信を体現している。**

第三に、集団学習のテーマ選定が、グローバル的な視野を備えていることである。今期の中央政治局は、二度続けてグローバルガバナンスの体系改変・構造・体制等をテーマに取り上げ（二〇一五年・二〇一六年）集団学習を実施した。**これは、今までの中央政治局が取り上げてきたものの中には見られないものである。特に、習近平が集団学習の際に行った一連の講話は、国際と国内の二つの大局とそれ**

に関連する深い認識と鋭い判断を十分に反映している。例えば、「われわれがグローバルガバナンスに参画する根本的な目的は、『二つの百周年』という努力目標の実現に資すること、中華民族の偉大な復興という中国の夢を実現することである」[8]「グローバルガバナンスの構造は国際力比較によって決まり、その体系改変は国際力比較の変化に由来する」「力を結集して職務をこなし、われわれの国際的な場の発言や働きの実力を絶えず強化する」ことが必要である、「ただし、力を尽くし、力相応に事を進めることも必要である」等の発言である。[9] **これは、中国が世界最大の経済国**（購買力平価ベースのGDP、二〇一一年基準）、**世界第二位の総合国力にランク付けされたことや**[10]**、中国が世界という舞台の中心に躍り出たことと関係している。**

第四に、学習スタイルの多様化である。第十八期中央政治局の集団学習は、専門家を中南海（中国共産党本部）に招いて、集団学習の講義を行ってもらうこと基礎に、学習スタイルを改革した。また、中央政治局委員は重点発言して交流に参加し、合計六回の集団学習、のべ二十八人が、「人はみな学生であり、人はみな教師である」という集団学習を具体的に示した。このほか、中央指導者が建設発展の最前線を視察するという内容を増やした。第九回の集団学習のように、習近平は中央政治局常務委員を伴って、中関村科学技術革新企業・科学研究組織を視察し、調査研究・解説・討論を組み合わせたスタイルを採用して、イノベーション主導型成長戦略について学習を実施した。[11]

今期の中央政治局の集団学習に見られる一連の変化は、中央指導部と知識階級、政策決定の「外部顧問」としてのシンクタンクとの間の双方向のコミュニケーションが発展し、成熟に向かうことの表れである。集団学習を通して、中央政治局構成員の知識は深められ、学習と革新能力を含む国家統治と政治運営の総合力が強化される。同時に、情報の共有や思想の統一に有益であり、最終的には集団政策決定制のスムーズな運用に資することになる。これにとどまらず、中央政治局の集団学習は、全党の学習の模範となり、特にマルクス主義政治経済学理論の学習を推進し、思想上から全党を武装し率先して模範を示し、促進するという重要な役割を果たしている。さらに、国防や軍隊の改革・グローバルガバナンスへの全面的な参画といった重要な思想等、中央が行う大きな政策決定の情報を速やかに伝達している。

三　集団調査研究制

調査なくして発言権はなく、[12] 調査なくして政策決定権はない。[13] 習近平もかつて、「調査研究はひとつの仕事のやり方であるだけでなく、党と人民事業の成否に関わる大きな問題である」「調査研究の過程は、指導幹部の認識力や判断力、職務能力を高める過程である」と指摘している。[14] 調査研究は、党中央が適切な戦略政策決定を行うために必要な情報源であり、党中央が調査研究を率先して重視してきた長い歴史は、中国共産党の優れた伝統であり、絶えず光彩を放ち、制度化に向かっている。

第十八回党大会以来、中央政治局常務委員会は集団調査研究制を堅持している。また、昼夜公務に励んで国民生活を安定させ、成長のために改革を推進し、全国各地で党中央の重要な路線・方針・政策決定の徹底した実行を促し、経済社会の情況を理解して、地方を指導している。

公開されている暫定的な統計によると、二〇一六年末までに、習近平は一〇五日の時間を費やし、全国のほとんどの省について五十回もの調査研究を行っている。また、七名の中央政治局常務委員は、合わせて四六八日の時間を費やして、全国各省・区・市について二百十一回の調査研究を行っている。気づいた点を整理すると、第十八回党大会以来、中央政治局常務委員会の集団調査研究は、少なくとも三つの面で重要な機能が現れている。

第一に、党中央が正式に打ち出す重要な戦略・方針のために、根回しと実行前の意識づけを行う。二〇一四年十二月、習近平は江蘇省の調査研究の際、「経済成長のニューノーマル（新常態）を自発的に捉え、積極的に適応することは、小康社会（ややゆとりのある社会）の全面的な建設・改革の全面的な深化・法による国家統治の全面的な推進・全面的な党内引き締めを足並みを揃えて推進し、改革開放と社会主義的近代化の建設を促進して新たな段階へ踏み出す」必要があると強調した。[15]これは習近平が「四つの全面」戦略思想の構成内容を初めて完全な形で述べたものであり、二〇一五年二月に省長官級の指導幹部が十八期四中全会の精神を徹底するため、法による国家統治の全面的な推進をテーマとした研究討論グループで、「四つの全面」戦略を正式に打ち出す意識づけとなった。[16]これは、理論と実践の間に密接不可分な双方向の関係や、党の重要な戦略・方針の立案から成熟に至る過程を反映したものである。また、全党・全社会が「四つの全面」戦略の重要な思想を熟知し理解するよう、「弾力的」な政策の広がりを両立させている。

第二に、党中央が策定し公布した大きな政策決定をサポートする。策定された「十三五（中華人民共和国の国民経済および社会発展第十三次五カ年計画綱要）」計画を例に挙げると、二〇一五年五月から七月に、習近平は浙江省・貴州省・吉林省で相次いで座談会を主宰し、十八の省・区・市の主要幹部から「第十三次五カ年計画」期間の経済社会の発展に対する意見と提案をヒアリングし、経済社会の発展に重点を置いて、計画の策定作業に対する指導を行った。[17]張高麗も二〇一五年九月に広西省の調査研究の際、計画策定に対する現地の意見をヒアリングした。[18]二〇一三年中に、中国共産党中央政治局常務委員会の多くの同志も、それぞれ全国各地に赴いて調査研究を行い、これを基礎として、十八期三中全会の『決定』原稿の起草に対して重要な意見を提起した。[19]中央政治局常務委員会の集団調査研究は、党中央が提起した改革の全面的な深化・「五大発展」理念等の重要なトップダウン設計に対して促進的な役割を果たしている。

第三に、中央の重点業務施策の徹底した実行を促進する。二〇一三年五月に中央が発令した『全党における党の大衆路線教育実践活動の踏み込んだ展開に関する意見』の中で、「中央政治局常務委員は教育実践活動連絡拠点を開設し、連絡拠点の所在地と担当分野の教育実践活動に対して指導を行う」という施策では、その年の下半期に、中央政治局常務委員は河北等の指定の連絡省を調査研究する際、[20]すべて「党の大衆路線教育の実践活動」を重要な議題の一つとし、一般市民と向かい合ったコミュニケーションや座談会等のスタイルで、「四風（形式主義・官僚主義・快楽主義・贅沢の風潮）」に反対する幹部の意見や提案を直接ヒアリングしている。また、二巡目の大衆路線教育実践活動では、さらに蘭考県など七つの県を指定した。[21] 党の大衆路線教育活動の中で、**中央政治局常務委員が手分けして関連する省・県の二段階の行政区とコネクションを持つことは、メカニズムの重要な改革であり、中央の地方に対する方針の指導・引率だけでなく、実践における指導・監督を具体化し、さらに習近平を核心とする党中央が党の大衆路線を徹底して実行する上で全党の高度な統一を実現し、教育活動の実効性を確保するのに重要な役割を果たしている。**

四　集団政策決定制

重要戦略の決定の成功は最大の功績となり、政策決定の失敗は最大の失策となる。重要な政策決定の成功を保証し、決定ミスを防止するには、集団政策決定制を堅持し、万全にしなければならない。集団政策決定制は集団指導制の中で、最も鍵となるメカニズムであり、そのほかのメカニズムはすべて集団政策決定制が有効に運用され、適切に重要戦略が決定されるために形成されたものである。習近平は、党総書記に就任して以来、中央の集団政策決定制にさらに踏み込んだ改革と改善がなされるよう、**中央レベルの指導的組織の枠組みをさらに合理化するとともに重要会議での政策決定を堅持・完成させた。これにより、党中央の重要な政策決定が高い効率で適切に行われることを保証している。**

①中央指導組織の合理化

第十八回党大会以来、中央指導部は改革の全面的な深化と実際のニーズを起点として、新たな中央指導グループと議事調整組織を増設した。中央は、改革の全面的深化のための指導グループ・ネットワーク安全と情報化のための指導グループ・中央軍事委員会の国防および軍隊改革のための指導グループを相次いで増設し[22]、さらに国家安全委員会を設立するとともに[23]、党中央財経指導グループの機能を強化した。**前述した組織の設立および関連機能の強化は、党中央の重点的職務に対する指導を強化することを目的としており、重点分野の政策決定と行政効率を向上させ、重点的任務の改革を確実に保証することで効果的に推進することができる。**

前述の関連するグループと専門委員会のメンバー構成から見ると、七名の中央政治局常務委員のうち、習近平が党中央の核心として、少なくとも四つのグループの責任者を兼務している。具体的には、中央財経済指導グループ長・中央の改革の全面的深化のための指導グループ長・中央のネットワーク安全および情報化のための指導グループ長・中央軍事委員会の国防と軍隊改革の深化のための指導グループ長のほか、国家安全委員会主席にも就任している。習近平の指導のもと、**李克強・劉雲山・張高麗はそれぞれ、関連する指導グループと国家安全委員会の職務を分担し、習近平が関連グループと委員会を運営する上で重要なサポートを果たしている。**その中で、李克強は、改革深化のための指導グループ副班長・ネットワーク安全および情報化のための指導グループの副班長・国家安全委員会副主席を担っている。劉雲山は、中央財経指導グループメンバー・改革深化のための指導グループ副班長・ネットワーク安全および情報化のための指導グループ副班長である。張高麗は、中央財経指導グループメンバー・改革深化のための指導グループ副班長である。このほか、全国人民代表大会常務員会委員長の張徳江は、国家安全委員会副主席**（表３－３参照）**である。これらのグループと委員会の構成のもと、**中央政治局常務委員会内部の協力関係は強化され、改革の全面的な深化に対する指導は、相乗効果でさらに増強された。これは、十八期中央政治局常務委員会の指導メカニズムの大きな変化であり、関連する重要な政策決定の執行にとって有益なものとなり、政策の成果を保証している。**

新しい情勢のもと、この変化は**改革の全面的な深化のニーズに順応している。**改革の全面的な深化は、高度に複雑で、統一的に協調しなければならない一種の長期的な人文組織工学であり、古い制度を捨て新しい制度を打ち出す必要があるだけでなく、既得権益の壁を打破し、改革を妨げる様々な障害を取り除かなけれ

表３－３　18期中央政治局常務委員の中央指導グループおよび国家安全委員会における就任情況（表に変化あり）

姓名	中央財経済指導グループ	中央の改革の全面的深化のための指導グループ	国家安全委員会	中央軍事委員会改革の深化のための指導グループ	中央ネットワーク安全と情報化のための指導グループ
習近平	班長	班長	主席	班長	班長
李克強	副班長	副班長	副主席		副班長
張徳江			副主席		
兪正声					
劉雲山	メンバー	副班長			副班長
王岐山					
張高麗	メンバー	副班長			

注：中央の改革の全面的深化のための指導グループおよびネットワーク安全と情報化のための指導グループのメンバーは、関連する公式の報道に基づいて整理したものである。

ばならない。そして、客観的には、専門的・知識的であり、より合理的な政策決定と中央集権的な指導部が求められる。

②重大会議における集団政策決定制の堅持・改善

重大会議における集団政策決定制は、中国共産党中央委員会の集団指導体制が成熟し、定型化したという重要なバロメーターである。そのうち、最も中核となるものは党中央の「二つの委員会」での多段階の会議制度、すなわち、中央政治局常務委員会会議制度・中央政治局会議制度・中央委員会全体会議制度・中央書記処会議制度、さらに中央規律検査委員会全体会議制度を含んでいる。[24] このほかにも、その他会議制度がある。公開されている報道の暫定的な統計に基づくと、二〇一六年末までに、今期の党中央は、中央委員会全体会議を六回、中央政治局会議を四十七回、中央規律委員会会議を六回開催しており、さらに中央経済工作会議を五回、中央財経指導グループ会議を十四回、改革の全面的深化のための指導グループ会議を三十一回行っている。また、その他の重要な会議には、中央外事工作会議・中央都市化工作会議・中央都市工作会議・中央群団工作会議・党外代表者座談会等が含まれる。具体的に見ると、

一つめは、**中央委員会全体会議制度および中央規律検査委員会全体会議制度の堅持である。**第十八回党大会以来、中国共産党中央委員会は相次いで六回の全体会議を開催している。全体会議の時間・議題は中央政治局が集団で検討し決定している。また、全体会議のテーマは、国内国際情勢に適合し、国家

統治と政治運営の実際のニーズに密接に呼応しており、中央指導部のスムーズな交代・改革の全面的深化・法に基づく国家統治の全面的推進・「第十三次五カ年計画」期の発展・全面的な党内引き締め等、党の重大な政治的業務と政策決定のさらなる制度化・規範化・ルーティン化に対して重要な影響を与えている。**非常に重要なことは、全体会議での政策決定過程は科学的民主主義であり、重要な公文書はすべて相応の範囲で広く意見を求めている**[25]。**また、政策決定過程は公開されており、十八期三中全会から、全体会議で審議し採択された重要公文書について、習近平が自ら説明することを貫いており、関連分野でも『誕生記』スタイルで、重要公文書の起草と中央での重大な政策決定過程について公開報告を行っている。**十八期の中央規律検査委員もまた、相次いで六回の全体会議を招集している。習近平はそのうちの四回の全体会議に出席して重要講話を行い、党中央が全面的な党内引き締めと清廉潔白な政党気風の建設を強化することに対し、確固たる決意と力強い指導を示している[26]。

二つめは、**中央政治局会議制度の強化である。**この四年で、中国共産党中央委員会は合わせて四十五回の中央政治局会議を招集し、そのうち二〇一二年に三回、二〇一三年に十回、二〇一四年に十回、二〇一五年に十二回、二〇一六年に十二回となっており、**基本的には毎月下旬に一回、中央政治局会議を招集することが慣例となっている。**

その機能から見ると、その他の国家機関に対する党の指導強化の過程では、中央政治局会議が非常に重要な役割を果たしている。二〇一五年から連続して二年、一月の中央政治局会議は、全国人民代表大会常務委員会・国務院・中国人民政治協商会議・最高人民検察院の党組（党の政治的指導機構）が中央政治局常務委員会に向けて行う総合的情況報告をヒアリングすることを重要な議題としている。このことは、各国家機関の党組が中央政治局および常務委員会に向けて業務報告を行う重要なメカニズムの強化であり、国家機関の運営と管理における党組の指導的役割を顕著に表すと同時に、党組を介して党中央の各国家機関に対する集団指導を強化している。二〇一五年五月の中央政治局会議では、さらに『中国共産党党組業務条例(試行)』が審議・採択され、これは、党およびその他の組織と機関との関係をよりスムーズに調整するための制度的準拠となり、党の指導的核心の役割がさらに発揮されることとなった。

政治的議題から見ると、政治局会議は要点が明確で、焦点がはっきりと定まっているという重要な特性を備えている。**一方では、**会議において、国家統治・政党統治と改革の過程における重大な問題をしっかりと把握し、たとえば、関連する重点分野の改革案の審議・採択や国境付近の民族地区の安定と発展についての研究、経済政策の研究など、集団研究の実施や重要施策の立案を行っている。**また一方では、**会議において、ある期間の党の重点政策について、たとえば、中央の八項規定の一年間の実施情況に関する報告や、全党の大衆路線教育の実践活動の総括などをヒアリングし、政策の成果を確保している。**さらにもう一方では、**会議において、たとえば、年末にその年の経済政策の情況を分析して、そのすぐ後に招集される中央経済工作会議のために基本方針を定めるなど、党内の広い範囲で参画している重大な政策決定について事前に準備を行っている。**さらに、**党建設に関する議題の割合はいっそう高度化し、**たとえば、ここ二年の中央政治局会議で議題は、多くが党(のその他の機関に対する)指導や組**

織建設、清廉な政党気風の建設、統一戦線の建設などを取り上げている。

三つめは、重大な特別会議制度の拡大・発展である。重大な特別会議は、重点分野の発展と改革のトップダウン設計に着目し、一つの顕著な表れは、中央政治局の常務委員七名がすべて会議に出席していることである。**まず、中央経済工作会議の堅持である。**党中央の最重要経済会議として、この会議は「中央委員会全体会議に準じる」ものと見なされており[27]、その年の経済政策の成果を総括し、国際・国内の経済状況の新しい変化を分析し、次の一年の経済政策方針や目標・重点政策を策定している。また、中央指導部の構成員は、この会議がより良いものとなるよう、しばしば相当の時間をかけて全国各地に赴いて経済の運営状況を調査研究し、経済政策を検討している。第十八回党大会から二〇一六年末までに、中央経済工作会議は合わせて五回開催され、安定と改革を両立してソフトランディングを目指し、経済供給側の仕組みの改革を推進することが強調された。

続いて、中央外事工作会議と中央周辺外交工作座談会の開催である。二〇一三年十月二十五日の中央周辺外交工作座談会は、新中国が成立して以来初めての開催であり、今後五年から十年の周辺外交政策の戦略目標・基本方針・全体構成を確定し、周辺外交が直面している重大な問題を解決するための政策構想と実施計画を明確化した。また二〇一四年十一月二十八日から二十九日に開かれた中央外事工作会議では、国際情勢と中国の外部環境の変化を全面的に分析し、新しい情勢下における対外政策の指導思想・基本原則・戦略目標・主要任務が明確となった。二度にわたる外交分野の重大特別会議では、中国の特色ある新型大国外交に新たな局面を切り開くために方向性を明示し、今期の党中央の外交理念と外交戦略の構造が現れ、今期の党中央の高度な政治的自負心と政治的知恵が反映された。

さらに、中央都市化工作会議と中央都市工作会議の開催である。二〇一三年十二月十二日から十三日に招集された中央都市化工作会議は、新中国が成立して初めての都市化工作会議であり、現在の都市化の進展情勢を分析し、都市化を推進する指導思想・主要目標・基本原則・重点任務を明確化し、都市化を推進するための具体的な施策と当面の都市化政策の力点を提起した。また、二〇一五年十二月二十日から二十一日に招集された中央都市工作会議は、建国以来初めて中央の名義で開かれた都市工作会議だが、現在と今後の一時期の都市政策の指導思想と都市政策をしっかりと行うための出発点・足がかりを提起し、さらに都市発展規律と「五つの統一化」の重要理念を尊重し、順応することを提起した。

そして、中央群団（大衆性団体組織）工作会議の開催である。二〇一五年七月六日から七日に招集されたこの会議も党内で初めての開催である。会議では、新たな情勢下における党の群団政策の基本的な方向性と力点を強化・改善することで、一般市民からかけ離れているという問題を解決するための政策ポイントを明確化した。これにより、党の群団政策を適切に維持し増強するための政治性・先進性・大衆性を強調し、各レベルの党委員の群団政策の指導責任を強化した。この会議のあとすぐに通達された『中国共産党中央委員会の党群団政策の強化と改善に関する意見』は、新たな時期の党の群団政策に関する重大な政策決定として、党の群団政策に新たな一ページを開いた。

このほか、以前から今まで続いている特別会議には、中央扶貧開発工作会議（貧困問題を議論）・中央農村工作会議・中央政法工作会議・中央民族工作会議等が含まれる。中央政治局常務委員七名は、全国科技創新大会・全国哲学社会科学工作座談会・全国衛生および健康大会等にともに出席しており、一部の常務委員はさらに第二回中央新疆工作座談会・第六回中央西蔵（チベット）工作座談会等にも参加し、党の重大施策の前進に重要な促進的役割を果たしている。

四つめは、指導グループ会議制度の拡大・発展である。それぞれの関連する指導グループと議事調整機関の役割が十分に発揮されているのは[28]、党中央や国務院が関連する分野の施策を統一して推進するという重要な取り組みである。

暫定的な統計によると、中国共産党中央委員会には現在二十余りの各種指導グループが設けられている。そのなかで、中央財経指導グループは一貫して、中国共産党中央政治局が経済施策を指導する議事調整機関および中国経済施策の核心的指導と政策決定部門である。また、中央財経指導グループ会議も中国で最も重要な経済政策決定機関のひとつである。公開されている報道の暫定的な統計によると、二〇一六年末までに、今期の党中央はすでに十四回の中央財経指導グループ会議を招集しており、その中で、二〇一二年十一月から二〇一四年三月までの間に開催された五回の会議については、未だ公開または正式な報道がされていない[29]。また、第六回から第八回会議の主な内容はそれぞれ、「中国のエネルギー戦略を研究し、エネルギー生産と消費革命を促進すること」「イノベーション主導型成長戦略の実施を研究し、経済成長方式の転換を推進すること」「シルクロード経済帯と二十一世紀海上シルクロード計画、アジアインフラ投資銀行の設立とシルクロード基金の創設を研究すること」である。また、第九回会議は二〇一五年二月十日に招集され、新型都市化計画等の重大事項の実施状況に重点的に注目し、

第十回会議は脱貧攻堅戦（貧困脱出攻略戦）の施策、第十一回から第十三回会議はすべて供給側の構造改革を中心議題として研究し具体化することであった。**会議のテーマから見ると、経済分野を、全体の局面に関係し、意義が重大で、深くまで影響を及ぼす重点施策と見なしている。**

第十八回党大会以来、中央指導グループのメカニズムはさらに発展し広がりを見せている。中央の改革を深化するための指導グループを例にして、十八期三中全会コミュニケに基づくと、この指導グループは改革全体の設計・調整の一元化・全体の推進・実施の促進に責任を負っている。また、この会議制度も、今期の党中央が各施策の改革を全面的に深化することを効果的に推進し、実施するための重大な制度革新である。二〇一三年十二月三十日の設立以来、会議は合わせて二十九回開かれており、改革の実践にも「準（準ずる）」「変（変化する）」「実（実施する）」「厳（厳格に）」という特徴が現れている。会議の内容から見ると、**二〇一四年のこの指導グループの段階的な重点的任務は、「改革全体の設計」である。**暫定的な統計によると、会議で審議または採択された規則文書と改革実施プランは、合わせて三十六件あり、その中で法治国家構築のプランが最多の八件で、続いて改革の全面的深化のための全体政策と指導グループの施策が七件となっている。二〇一五年の一年間と二〇一六年一月から十月は、会議で審議または採択された規則文書と改革実施プランはそれぞれ四十件と八十件に達し、**改革の全面的な深化の過程が加速態勢であることが反映されている。また、関連文書が取り上げている分野はさらに増え、詳細なものとなっており、改革の全面的な深化政策が全体・マクロ段階から、具体・ミクロ段階へと伸展していることが現れている。**まさに習近平が第二十七回会議（二〇一六年八月三十日）の講話で「現在と今後一時期は、改革の全面的な深化のピーク期であり、改革の任務を実行する正念場である。計画を強化し、統一を強化し、実行を強化する任務は、依然として非常に困難で煩雑である」と指摘した通りである。

五つめは、党外代表者座談会制度である。党外代表者座談会制度は、党中央が率先して熟議民主主義を実践し、重大な政策決定に関し、人民の智慧を広く集め、有益な意見を広く吸収する生きた事例である。二〇一三年から二〇一六年末までに開催された合計十回の座談会の情況を見ると、**座談会には、中国共産党と党外代表者との良好な政治的関係が反映されている。**座談会の議題はすべて党の重大戦略決定のため、ひとつは中国共産党中央委員会全会の重大な決定（草案）について党外代表者の意見や提案を求め、その年の中国共産党中央委員会全会の準備をする。もうひとつは、党外代表者にその年の全国経済政策に関する状況を知らせ、翌年の中央の経済政策の検討と施策を紹介して、意見や提案を直接ヒアリングすることである。二〇一六年だけでも、各民主党派・工商連・無党派の代表者が出した各種の政策提案は七十件にのぼり、中央の政策決定に重要な根拠を提供した[30]。**座談会は、党中央の熟議民主主義に対する揺るぎない指導を示している。十回の座談会はすべて習近平が自ら主宰して重要講話を発表している。**また、座談会のテーマに関連する職務を担う中央政治局常務委員も出席しており、会議には常に四名から五名の中央政治局常務委員が参加し、このことも中央政治局常務委員会が国内政党間の政治的業務に集団指導を行っていることを表している。習近平が指摘している通り、各民主党派は中国共産党が科学的政策決定・民主的政策決定・法に基づく政策決定に寄与するという点で、重要な貢献をしている。[31] **党外代表者座談会制度は、中国共産党がイニシアティブをとる多党協力と政治的協議の制度が、重大戦略の政策決定過程で具現化されたものである。党外代表者が話し合いに参加することは、法で定められた参政権の行使であり、国家事務の管理と国家の方針・政策・法律・法規の制定と執行に参画することである。党外代表者座談会制度は、中国の政党制度の強い生命力を反映している。**

六つめは、国家最高クラスのシンクタンクを開設し、「外部ブレーン」が党中央の重大な政策決定のサポートを重視することである。二〇一三年十一月、党の十八期三中全会で採択された『改革の全面的深化に関する若干の重大問題の決定』では、社会主義的民主主義政治制度の構築を強化し、熟議民主主義を促進して幅広く多段階的制度化を発展させるという高度性から、中国の特色ある新型シンクタンクの開設に力を入れ、健全な政策決定のコンサルティング制度の設立を提起した。これにより、シンクタンクの開設は国家統治体系と管理能力の近代化建設を促進する上で重要課題となった。二〇一四年十月、習近平は中央の改革の全面的深化のための指導グループ第六回会議を招集した際に、「国家統治と政治運営を行うには、各方面の智慧を集め、広範囲にわたる力を結集することに長けていなければならない」、中国の特色ある新型シンクタンクの開設を「重大かつ喫緊の任務として適切に強化し」なければならない、「明確な位置づけ・鮮明な特色・適度な規模・合理的な構成である中国の特色あるシンクタンク体系を形成し、比較的大きな影響力と国際的な影響力をもつ最高レベルのシンクタンクの開設に重点を置く」ことが必要である、と指摘した。二〇一五年一月、『中国の特色ある新型シンクタンク開設の強化に関する意見』が正式に発行されたことで、シンクタンクの新たな枠組みの構築が提起され、国家最高レベルのシンクタンク開設計画が実行に移された。十一月に、清華大学国情研究院を含む国内二十五のモデル機関が対外的に正式に公表され、中国の特色ある新型シンクタンク開設に新たなスタートが切られた。

ここ数年、シンクタンクは中央の政策決定に奉仕することを中心的任務と捉え、党と国家発展の全体的・戦略的・先見的問題に焦点を合わせ、各自の専門を発揮して多くの重大な研究を担っている。参考価値のある研究成果は中央に送り、その中で一部の成果は政策決定に組み込まれ、関連する文書報告の中に反映される。このほか、シンクタンクの責任者または主席専門家は、数年来、習近平または李克強が主宰する専門家座談会に招かれ、党と国家の重大な政策決定、特に経済分野の政策決定のために献策し、現在の経済情勢と経済政策について、専門的見地から意見と提案を行っている。また、一部の専門学者は何度も会議に参加している（**表3－4参照**）。実際のところ、第十八回党大会以来、専門学者と総書記・総理が経済情勢と重大な経済

表3－4　党中央の国務院が招集した専門家による座談会議の情況（2014－2016年）

会議開催時期	主宰者	会議に出席したその他の常務委員	主な内容	一部参加した国家最高レベルシンクタンクの専門家
2014.07	習近平	—	当面の経済情勢と経済政策について専門家（および企業の責任者）の意見と提案をヒアリングした	王戦、劉世錦、李揚、林毅夫、胡鞍鋼、樊綱
2016.07	習近平	張高麗		李揚、樊綱、王一鳴、胡鞍鋼
2014.07	李克強	張高麗		李稲葵、宋国青、趙晋平、劉迎秋
2015.04	李克強	張高麗		李揚、胡鞍鋼、海聞
2016.07	李克強	張高麗		姚洋、劉洪玉

注：この表は筆者が整理したものである。資料は、新華網と人民網の関連報道を参照した。

政策について顔を突き合わせて研究・討論することは、すでに一種の常態メカニズムとなっており、党中央が重大な政策決定をする中で「外部ブレーン」の知識を吸収し、政策決定に関する情報の非対称性を解消し、科学的・効果的な政策決定を重視していることを十分に表している。習近平が二〇一四年七月に主宰した経済情勢専門家座談会の際に、「本日の座談会は、この政策決定施策の重要な具現化である[32]」と指摘したとおりである。

五　まとめ

第十八回党大会以来、党中央の集団指導体制の「五大メカニズム」には一連の新しい重要な特徴が現れている。集団引継制では、中央政治局常務委員会の規模が九名から七名に調整された。集団分担協力制では、中央政治局常務委員は国家副主席と中国共産党中央政法委員会書記の二つの職を兼任しないこととなった。また、組織政策と広報およびイデオロギー業務という二つの面における党務政策は、同一常務委員が担うよう改められた。集団学習制では、中央政治局の集団学習テーマで、課題の方向性が重視されるようになり、歴史的深みとグローバル的視野を備えるようになった。集団調査研究制では、国内の調査研究が重大な政策決定の根回しとしての役割がさらに顕著になった。集団政策決定制では、中央指導機関が最適化され、新たな中央指導グループと議事調整機関が増設された。これにより、中央政治局常務委員会内部の協力関係は強化され、会議における集団政策決定制度がより完成され、政策決定過程が透明化された。また、国家最高レベルのシンクタンクを代表的な「外部ブレーン」とし、中央の重大な政策決定過程においてさらに積極的な機能を果たしている。

「法、時と與に轉ずれば則ち治まり、治、世と與に宜しければ則ち功有り」。良好な基本制度の枠組みは基礎であり、この基礎の上に不断の改革が必要である。すなわち、情勢の変化・任務の変化に基づいて必要な制度の調整・制度の改革を行い、制度の新しい生命力と活力を呼び起こしている。中華文明は五千年も続き、中国は古い歴史を持つ世界の文明大国である。また、中華人民共和国が成立してわずか六十年余りで、中国はまだ若い近代国家である。中国共産党は世界のその他の大国の主要政党と比べても、より高い改革の自覚性を有しており、このことは、中国の制度が一貫して発展のニーズに順応し、硬直化と老化を免れている根本的な理由である。

1　習近平『「新たな情勢下での党内政治に関する若干の準則」と「中国共産党内監督条例」についての説明』、新華社北京二〇一六年十一月二日報。

2　集団引継制と集団分担協力制に関連する内容の検討は、胡鞍鋼『中国 集団指導体制』四七－四八頁、北京、中国人民大学出版社、二〇一三年七月を参照してください。

3　楊竺松『省委員会常務委員の昇進ルートから見る中国共産党幹部の選任メカニズムの研究』、博士論文、清華大学、二〇一六年。

4 毛沢東『学習の改善』、一九四一年五月、『毛沢東選集』（第三巻）、七九六－七九七頁、北京、人民出版社、一九九一年。

5 鄧小平『中央顧問委員会の党第十三回全国代表大会に向けた業務報告』、一九八七年十月三十日。

6 中国共産党ニュース：http://www.people.com.cn/GB/shizheng/252/5089/5105/5277/20010430/456309.html
胡錦涛『中央の職務に関して』（二〇〇三年二月二十六日）、中共中央文献研究室編『第十六回党大会以来の重要文献選集』（上）、一五二頁、北京、中央文献出版社、二〇〇五年。

7 胡鞍鋼『中国 集団指導体制』、八四－八六頁、北京、中国人民大学出版社、二〇一三年七月を参照。

8 『人民日報』、二〇一五年十月十四日、〇一面。

9 新華社北京二〇一六年九月二十八日報。

10 世界銀行データベースと筆者の関連研究に基づく計算。

11 新華社北京二〇一三年十月一日報。

12 毛沢東『反教条主義』（一九三〇年五月）、『毛沢東選集』第一巻、一〇九頁、北京、人民出版社、一九九一年。

13 江沢民『調査なくして政策決定権なし』（一九九三年七月五日）、『江沢民文選』第一巻、三〇八頁、北京、人民出版社、二〇〇六年。

14 習近平『調査研究について語る』、『学習時報』初版、二〇一一年十一月二十一日。

15 新華網南京二〇一四年十二月十四日報。http://news.xinhuanet.com/politics/2014-12/14/c_1113636703.htm

16 事実上、建国以来の歴史から見ると、例えば、毛沢東が一九五三年二月に湖北省を視察した際に初めて提起した比較的成熟した過渡期の総路線思想（薄一波が一九六五年十二月三十日に田家英に宛てた手紙を参照し、逢先知・李捷が記載した『毛沢東と過渡期の総路線』、『党文献』二〇〇一年第四期を参照）や、鄧小平が一九九二年に南巡講話で提起した一連の明確な改革開放路線の重要な思想等のように、党の指導者が地方を視察し、調査研究する期間に重要な戦略・方針を打ち出す例は多い。

17 新華社『小康社会の全面的な建設　出帆また出航――「中国共産党中央委員会の国民経済と社会発展第十三次五カ年計画の策定に関する提案」誕生記』を参照、二〇一五年十一月四日。

18 新華社南寧二〇一五年九月十九日報。

19 新華社『改革の旗印を高く掲げる――「中国共産党中央委員会の改革の全面的な深化の若干の重大問題に関する決定」誕生記』を参照、二〇一三年十一月十九日。

20 指定された連絡に関係する省の情況は次のとおり。習近平は河北省・李克強は広西チワン族自治区・張徳江は江蘇省・兪正声は甘粛省・劉雲山は浙江省・王岐山は黒竜江省・張高麗は四川省。『以上は下記から引用　全党の模範たれ――習近平総書記等の中国共産党中央政治局常務委員が大衆路線教育実践活動を指導する連絡拠点の現地レポート』、新華社二〇一四年一月十六日。

21 習近平は河南省蘭考県・李克強は内モンゴル自治区オンニュド旗・張徳江は福建省上杭県・兪正声は雲南省武定県・劉雲山は陝西省礼泉県・王岐山は山東省蒙陰県・張高麗は吉林省農安県。新華網北京二〇一四年九月二十五日報。

22 三つの指導グループの設立時期は、順に、二〇一三年十二月三十日、二〇一四年二月二十七日、二〇一四年三月十五日である。

23 二〇一四年一月二十四日設立。二〇一六年十一月に、国家監察委員会を新設し、展開中のテスト事業にもすでに着手している。

24 中央政治局常務員会会議および中央書記処会議に関連する公開の報道は少ないため、本書では考察していない。

25 筆者胡鞍鋼は、第十八回党大会の代表として、十八期三中全会・四中全会・五中全会・六中全会の公文書の意見募集座談会に相次いで参加し、すべての会議で関連文書に対する修正意見を書面により提出した。

26 中国共産党ニュースデータベース http://cpc.people.com.cn/n/2012/1115/c106101-19592294.html

27　中央経済工作会議の重要性は、特に会議出席者の構成に表れている。二〇一六年を例にすると、中央政治局の常務委員がすべて出席しているほか、中国共産党中央政治局委員・中央書記処書記・全国人民代表大会常務委員会に関連する指導同志・国務委員・最高人民法院院長・最高人民検察院検察長・中国人民政治協商会議に関連する指導同志・中央軍事委員会委員等が出席している。また、各省・自治区・直轄市・計画単列市・新疆生産建設兵団の党政府の主要責任者、中央と国家機関に関する部局の主要責任者、中央が管理する一部の企業と金融機関の責任者、中央軍事委員会機関の各部局と武装警察部隊の責任者が会議に出席している。新華社北京二〇一六年十二月十六日報。

28　中央機構編成委員会辨公室の解釈に基づくと、「議事調整機関」は、特殊または臨時的な任務を完成させるために設立された部門横断的な調整機関を指す。中国機構編制網のリンクを参照。http://www.scopsr.gov.cn/zlzx/bzcs/201203/t20120326_55619.html。ただし、当該情報は国務院議事調整機関に踏み込んだ説明をしているだけであり、中共中央委員会側の類似情報には触れていない。ある研究者は、指導体制を統括する支援的機構および中共中央委員会常設組織体系外の予備的機構という二つの面から、中央指導グループの機能的位置づけを捉えようとしている（周望『「指導グループ」はどのように指導するのか――「中央指導グループ」に関する全般的分析』、『理論と改革』、二〇一五年一月）。ただし明らかに、中央指導グループの機能と国務院が統括する議事調整機関には違いがあり、前者は議事調整機能を有するだけでなく、専門分野または特定の施策における指導と政策決定の役割のほうに重点が置かれている。このことから、本書では中央指導グループと議事調整機関を分けて説明する方法を採用した。

29　中国新聞社の二〇一四年三月の報道では、習近平は相次いで中央財経指導グループ会議と中央政治局常務委員会議を主宰し、都市化計画の原文を審議している。また、中国水利網の二〇一四年六月十三日の報道によると、その年の三月に習近平は、中央財経指導グループ第五回会議において、中国の水利安全問題について重要講話を発表したとのことである。講話では、国家水安全を保証する基本方針を提起し、踏み込んだ研究が必要である十大問題が強調された。大公網北京二〇一四年六月十三日報を参照。http://news.takungpao.com/mainland/focus/2014-06/2536925.html

30　新華社北京二〇一六年十二月九日報。

31　新華社北京二〇一六年十二月九日報。

32　「この政策決定施策」とは、「第十八回党大会と十八期三中全会が、中国の特色ある新型シンクタンクの建設を要請し、健全な政策決定コンサルティング制度を設ける」ことを指している。新華網北京二〇一四年七月八日報。

第四章

集団外交制の強化

党中央の集団外交制は、本質的には指導者が率先して「外に出る」ことと、「内に招く」ことである。また、主体的に国内と国際の二つの大局を捉え、中国に有利な国際環境（すなわち「天の時」と「地の利」である）を積極的に創り、中国と世界の開放的発展やウィン・ウィンの発展を促進することである。改革開放初期には、鄧小平が中国共産党中央委員会の指導者を率いて次々と外遊し、世界に学び[1]、新時代の中央集団外交制をおおむね形成した。

改革開放は四十年に及び、中国の国際的地位と、中国と世界の関係は絶えず変化しており、党と国家の指導者が世界に出る意義も拡大し、深化し続けている。中国の総合国力と世界への影響力がまだ比較的限られている時期には、党と国家の指導者は外遊を通じて世情を知り、世界発展の真実を感じ取り、国際多国間会議に参加することで国際事務の戦略のルールを習得し、中国が国際事務に参画する能力を向上させた。この点を踏まえて、われわれの以前の研究では、中央指導部構成員の外遊と国際多国間会議への参加を、集団調査研究制に盛り込んで検討を行った[2]。

中国経済の実力・科学技術の実力・総合国力・国際影響力が急速に向上するにつれ、中国は世界の開放経済と国際公共事務の分野の重要な参画者となっただけでなく、すでに世界という舞台の中心に足を踏み入れている。そして、グローバルガバナンスに全面的に参画し、中国の理念を対外的に明らかにし、中国の構想を積極的に提案することで、世界に中国の力を注ぎ込み、世界の大勢をリードし、世界的指導力をはっきりと示している。特に、第十八回党大会以来、習近平を核心とする党中央は積極的能動的に勢いに乗り、「一帯一路」建設という広大なビジョンを打ち出し、中国の特色ある大国外交の全く新しい局面を切り開き、世界を率いてウィン・ウィン主義の時代を目指そうとしている。このことは、**集団外交制がすでに中央集団指導体制の重要な構成となり、第十八回党大会以来の集団指導制度の革新的発展の優れた点である**ことを示している。具体的に見ると、集団外交制は外遊・国際多国間会議への出席・訪中外国人との面会という三つの側面を含んでおり、世情をより理解し、把握することができるほか、世界に直接中国を理解してもらうことができる。

一　外遊

暫定的な統計によると、二〇一六年末までに、**習近平は六大陸五十カ国を訪問し、第十八期中央政治局常務委員は合わせて六大陸八十九カ国を訪問しており、世界各地を巡り、全体の局面を計画していると言える。**[3]特に優れた点は、頻繁で集中している外遊が、習近平と党中央が中国を率いて世界という舞台の中心に足を踏み入れ、グローバル政治経済の重大な検討課題に対して中国の影響を与えていることである。

「一帯一路」戦略構想の提起と実施を例にとると、中国の特色ある大国外交が正式に始まった二〇一三年に、習近平は九月のカザフスタン訪問中に「シルクロード経済帯」という協力ビジョンを打ち出し、十月の東南アジア諸国連合（ＡＳＥＡＮ）訪問中にはさらに「二十一世紀海上シルクロード」戦略構想を打ち出し、世界経済地理を再構築する「一帯一路」という重大で新しいコンセプトを世界に向けて正式に宣言した。その年、習近平は合わせて四大陸十四カ国を訪問し、中央政治局の七名の常務委員は合わせて四大陸三十二カ国を訪問して、「一帯一路」戦略構想を提起するために根回しを行った。この後**「一帯一路」構想について、関係国と積極的に意見を交換し、ニーズをマッチングし、協力関係の成就に向けて助力した。**二〇一四年はさらに、習近平と今期の中央政治局常務委員会の外遊のピーク年となり、習近平は一年間で五大陸十八カ国、中央政治局の七名の常務委員は合わせて六大陸四十六カ国を訪問し、過去四年間で最多の外遊回数となった。

まさに二〇一三年と二〇一四年に習近平が中央政治局常務委員会を率いて頻繁に「外に出」て、世界と十分なコミュニケーションと準備を行ったことで、習近平が「一帯一路」戦略構想を打ち出してから一年半後、関係部局は二〇一五年三月に『シルクロード経済帯および二十一世紀海上シルクロードの共同建設を推進するビジョンと行動』を正式に公表し、直ちに「一帯一路」建設のために行動プランとロードマップを提供し、高い効率で党中央の重大な戦略構想を実行に移した。その後の二〇一五年と二〇一六年には、習近平はそれぞれ、四大陸十三カ国、五大陸十四カ国、中央政治局の七名の常務委員は五大陸三十四カ国と五大陸三十八カ国を訪問し、外遊の重点もその多くが中国のグローバルガバナンスの主張を広め、「一帯一路」に関する中長期計画とプロジェクトの推進に転換している。

このほか、中央政治局委員の外遊も今期の中央指導部の外交制を構成する重要な一部となっている。王滬寧・栗戦書等が直接習近平に同行して外遊したほか、省レベルの地方党委員会の主要責任者となっている中央政治局委員の郭金龍・孫政才・胡春華・韓正等も幾度か外遊している。これは関連する省と世界の経済や文化との関係を強化するだけでなく、中央政治局常務委員による集団外遊の重要な補強となっている。**さらに重要なことは、中央指導部の構成員の国家統治と政治運営の能力を集めて拡大発展させ、地方経済・政治・社会・文化・エコ文明建設の指導を通じて、内政経験と能力を積極的に取り仕切ると同時に、グローバルガバナンスにさらに参画し、世情をよく認識し、外交政策能力を向上させることである。**

二　重要な国際多国間会議への出席

公開されている報道の暫定的な統計に基づくと、二〇一三年から二〇一六年末までに、習近平は合わせて二十四回の国際多国間会議に出席しており、[4]七名の中央政治局常務委員は同じ期間に合わせて六十七回の国際多国間会議に出席している。[5]これは歴史的にも最も多く、中国が世界の舞台の中心に足を踏み入れ、グローバルガバナンスに全面的に参画し、積極的にイニシアティブをとっていることをはっきりと表している。

世界の重要な会議において、中国の指導者は「どこにでも存在する」と言うべきであり、一連の重大な意義を有する「中国プラン」や「中国イニシアティブ」を積極的に提起している。二〇一四年十一月、中国はアジア太平洋経済協力（ＡＰＥＣ）第二十二回非公式首脳会議の主催に成功し、主導的役割を果たし、八つの大きな成果を挙げた。[6]また、中国の内外政策を広く公表し、さらに多くの国際理解と支持を得た。会議期間に、習近平はオバマ大統領（当時）とともに『米中気候変動共同コミュニケ』に正式に調印し、両国が二〇二〇年の後に気候変動に対応した行動をとるとの決意を宣言し、二〇一五年の国連パリ気候大会『パリ協定』への承諾を両国が積極的に推進することを宣言し、二〇一六年十一月の『パリ協定』の正式発効の実現に、重要な促進的役割を果たした。二〇一五年九月、習近平は国連首脳会議に出席し、公平・開放・全面・革新的発展という新たな理念をもって、各国の発展能力・国際的発展環境の改善・発展のためのパートナーシップの最適化・健全な発展の協調制度の強化という四つの政策的見解を提起すると説明した。また、二〇一五年の後の発展検討課題を通して、中国の理念・見解・プランを吸収した。[7]二〇一六年七月、国連事務総長の潘基文は、「**中国は国連の事業に対して重要な貢献をしており、習近平主席が昨年、国連設立七十周年首脳会議に出席し、その期間中に行った承諾と具体的な実施措置に感謝する。中国は、平和を維持し、発展を続け、気候変動に対応し、流行性疾病に対抗するなど各分野で主導的役割を果たしている**」[8]と評価している。二〇一六年九月、習近平は中国が主催するＧ２０杭州サミットに出席した。これは新中国の成立以来、中国が主催した最高レベル、最も深い影響を与える多国間サミットである。[9]サミットでは「革新・活力・連動・包容の世界経済を構築する」をテーマとし、道標の意味をもつ首脳声明を発表し、『革新的成長のためのＧ２０ブループリント』等の実質的な価値の高い文書を承認し、[10]これらは世界と中国に対して非常な意義を有している。

三　訪中外国人との面会

公開されている報道の暫定的な統計によると、二〇一六年末までに、習近平は一一五カ国から訪中した外国人と面会し、七名の中央政治局常務委員は合わせて一四八カ国の訪中外国人と面会している。これは、世界二三一の国と地域の四九・八%と六四・一%を占めている。面会する訪中外国人の中には、関係のある国家元首や在任中の指導層の構成員だけでなく、すでに退任した首脳・在任中の地方行政責任者・重要政党のトップ・宗教指導者・グローバル企業のリーダー等も含まれている。また、面会のきっかけは、専門の公式訪問または正式訪問をするための訪中であるほか、国際組織または多国間会議に出席するための訪中も含まれる。このほか、習近平はさらに中央政治局のほかの常務委員とともに、数十の国際組織の責任者や指導層の構成員と会見を行っている。

研究で明らかになったことは、**中央政治局常務委員が集団で訪中外国人と面会することは、各方面の政策の交流や二国間の理解を深めるのに有益であるだけでなく、国際的な友好交流を拡大し、二国間協力の促進にプラスとなることである。**例えば、二〇一六年六月下旬にロシアのプーチン大統領が訪中した際には、少なくとも四名の中央政治局常務委員が面会して交流した。二十五日には、習近平・李克強・張徳江が相次いでプーチンと会見し、中ロの全面的戦略協力パートナーシップの深化・各分野における実務協力の推進・地方と民間の友好的往来の促進・二国間の立法機関の交流協力の強化等に力を注ぐことについて意見交換を深めた。また、張高麗も習近平に同行して会見に参加した。米中関係の対応では、二〇一六年の一年間で、習近平は、米国国務長官ケリー（当時）、国家安全保障問題担当補佐官ライス（当時）、米国財務長官ジェイコブ・ルー（当時）等多くの政府要人、さらに元米国国務長官キッシンジャー、元米国財務長官ポールソン、ディズニー総裁等と面会している。また、李克強は、コロンビア大学校長、米国財務長官ジェイコブ・ルー（当時）、十八名の米国衆参議員で構成する訪中団、元米国財務長官ポールソン等と会見している。張高麗は、米国大統領顧問ディーズ（当時）、米国エネルギー部長モニツ（当時）、アップル社CEO等と面会している。これは、中国と米国との交流が、異なる分野・異なる層において推進され、政界の執政グループだけでなく、重要な政治的影響力をもつその他の人物や、高い技術・文化等の重点分野の産業界の代表者と面会することは、中国が米中関係を高度に重視し、特に米中摩擦を避け、互いに尊重と協力ウィン・ウィンという米中関係の構築に努力していることを表している。[11]

中央政治局常務委員が訪中外国人と面会することは、一方では関係国家と国際組織との間に相互往来の関係を築き、中国と世界の親しい関係を目指している。もう一方では、中国が門を開いて世界が中国に踏み入れることを歓迎し、世界に向けて中国の発展の成果を直接示し、新興の超大国の自信と想いを明らかにするだけでなく、さらに、中国の制度・中国の道路について最も説得力のあるアピールとなる。

特筆すべきことは、習近平が主体的に米国大統領オバマ（当時）、ロシア大統領プーチン、ドイツ首相メルケルなど首脳個人間の交流を増進し、友好関係を構築することによって、双方の立場での見解を掘り下げ、国家統治と政党運営の経験を共有（コラム四－一参照）していることである。また、米中・米ロ・米独の関係を含む新型大国関係や、中国と東アジア諸国連合（ＡＳＥＡＮ）・欧州連合（ＥＵ）・アフリカ連合などの重要地域の国際組織との関係についても、重要な促進的役割を果たしている。

コラム四－一　習近平とオバマ「荘園会談と瀛台夜話」

二〇一三年六月七日から八日に、習近平は、カリフォルニア州アネンバーグ荘園でオバマと会談した。これが、両名が米中の国家元首として初めての一対一の交流であり、米中上層部の交流で初めての取り組みである。

習近平は会談で、オバマに向けてこう表明した。米中関係は「両国人民が注目しているだけでなく、国際社会も注目している。われわれは双方が両国人民の根本利益を出発点として、人類の発展・進歩に着目することから、思考を革新し、積極的に行動し、新型大国関係の構築を共に促進しなければならない」。また、「双方が共に関心を持っている重大な戦略的課題について広く深くコミュニケーションをとり、相互理解を深め、全面的な協力を促進する」ことを期待している。習近平は、次のように述べた。「新しい情勢下で、米中関係は向上しようと努力し、発展させなければならない。また、米中協力は切り開き、革新しなければならない。さらに、米中両国は互いに尊重し、許容しなければならない。米中双方が一貫して戦略の高度化と長期的な角度を起点として、米中関係の適切な方向性をしっかりとつかみ、新型大国関係の道を一歩ずつ進んでいかなければならない」。また、オバマも次のように述べた。「米中関係は、両国、アジア太平洋ひいては世界にとって大変重要である。米国は中国が大国として平和的発展を継続することを歓迎する。平和で安定的な繁栄をしている中国は、米国にとっても、世界にとっても有益である」。オバマはさらに習近平に向けて、米国が中国とともに新型大国関係を構築することを願う、と表明した。

二〇一四年、習近平の招待に応じ、オバマは十一月十日から十二日に、アジア太平洋経済協力組織首脳の非公式会議への出席のため訪中し、中国を公式訪問した。十一日の夜は、両国首脳が中南海の瀛台において、新型大国関係について語り合った。

その晩の交流の中で、習近平は二国間関係についてだけでなく、国家統治と政治運営の根本的課題について、オバマと率直な交流を深め、中国経済の新常態（ニューノーマル）・中国政治の民主主義の趣旨と民主主義の方式、中国人の国家統一に対する重要視と主権に対する重視等の話題に広く触れている。オバマは次のように述べた。夜話交流は彼を「中国共産党の歴史と執政理念、さらにあなた（習近平）の思想を全面的に、深く理解することができた」。また、「中国人民がなぜ国家の統一と安定を大切にしているのか、より理解することができた。米国は中国の改革開放を支持し、……中国側と率直に対話することで、齟齬を効果的に調整し、誤解と誤った判断を避けることを願う。……米国側は、中国が国際事務において建設的な役割を果たすことを歓迎し、中国側との交流・協力を強化し、様々な地球規模の挑戦に手を携えて対応していくことを願う」。

出典：筆者が学習グループ・人民網・新華網の関係報道を整理したもの。

四　まとめ

第十八回党大会以来、中央政治局常務委員会の構成員集団は、国家の外交事務に携わり、改革開放以来、党中央が長期にわたって堅持してきた重要な政策制度として、大きく強化された。外交政策において、習近平は党リーダーと国家元首として、対外的に中国を代表し、中国のために対外交流と国際事務に携わり、全体の構成やテーマを定めて基本姿勢を示している。また、中央政治局および常務委員会のその他の構成員が実際の政策ニーズに基づいて分担協力し、多方面から党中央の外交の組み立てを促進し、実行に移している。これは、中国が世界という舞台の中心に足を踏み入れた客観的ニーズであり、中国経済や科学技術の実力・国際的影響力・総合国力が絶えず向上しているという背景のもと、直ちに選択し、勢いに乗ることで、その根本的理由は、地球規模の利益が中国国家の利益・中華民族の利益構造の中で重要性がますます大きくなっている。そのため、現在の世界はますます中国と切り離せなくなっており、中国の発展もますます世界と切り離せなくなっている。

集団外交制は、党中央指導部の構成員が外遊する中で、より多くより良く「世界を理解」し、「世界を研究」するだけでなく、グローバルガバナンス、地区ガバナンスに参画またはイニシアティブをとるという重要な検討課題を反映している。また、世界に対して影響力を及ぼし、「世界を攻略する」から「世界をリードする」に進歩し、グローバルガバナンス能力が、党内の執政能力体系の中で向上していることを示している。また、グローバルガバナンス能力を向上させることは、中国の国家統治体系と統治能力の近代化が必然的に選択される。内政と外交、国家統治とグローバルガバナンスに配慮することで、中華民族の利益を全面的に守り、発展させることができる。

1 胡鞍鋼『鄧小平時代——中国の改革開放（の一）』、二〇一四年八月十五日、観察者網による初めての発信。http://www.guancha.cn/hu-an-gang/2014_08_15_256611.shtml
2 胡鞍鋼「中国 集団指導体制」、一一〇－一一一頁、北京、中国人民大学出版社、二〇一三年。
3 胡鞍鋼、楊竺松『世界各地を巡り、大局を計画する　大国外交の新たな幕開け——二〇一三年中国の特色ある大国外交の評論と分析』、『国情報告』、二〇一三年第一期、二〇一三年一月十八日。この後、さらにデータを補足した。
4 二〇一三年－二〇一六年の四年間に増加を維持しており、それぞれ四回・六回・六回・八回となっている。
5 二〇一三年－二〇一六年の四年間に年々増加しており、それぞれ十回・十四回・十九回・二十四回となっている。
6 王毅「北京APECは八大成果を挙げた」、人民網、二〇一四年十一月十三日報。この八大成果とは、「アジア太平洋協力の方向性と目標の明確化したこと」「アジア太平洋自由貿易圏の実現に向けた重要な決定を行ったこと」「アジア太平洋に相互接続ネットワークを構築するという新たな青写真を描いたこと」「アジア太平洋経済を支える五つの柱を探し出したこと」「一連の地球規模の問題へ対処に新たな分野を切り開いたこと」「アジア太平洋経済協力組織の責任者を招待し、パートナーシップ対話会を催したこと」「中国とアジア太平洋の主要国との二国間関係の新たな進展を促進したこと」「中国の内外政策を広く公表し、より多くの国際理解と支持を得たこと」である。
7 「平和的発展、協力ウィン・ウィンという時代の音を鳴らす——外交部部長の王毅が、習近平主席の米国公式訪問と国連成立七十周年首脳会議への出席について語る」、新華網ニューヨーク二〇一五年九月二十八日報。

8 「潘基文氏は中国が国連事業に対して行った重要な貢献を積極的に評価している」、中国経済網ニューヨーク国連本部二〇一六年七月九日報。

9 王毅「G２０サミットにおける習近平基調講演は、グローバル経済体系の完成のためにロードマップを描くこと」、『人民日報』、二〇一六年九月二十日。

10 サミットで得た重要な成果として、次のことを含む。（一）『G２０世界貿易成長戦略』が策定され、特に『G２０グローバル投資政策に関する指導原則』が初めて制定されたことで、長期にわたるグローバル多国間投資規則の枠組みの空白が埋められた。（二）『G２０強化された構造改革アジェンダ』が策定され、指標体系という数値化の枠組みによって各分野の進展のモニタリングと評価が提起された。（三）『持続可能な開発のための二〇三〇アジェンダに関するG２０行動計画』が策定されたことで、G２０の行動と国連が維持する発展アジェンダを連携させることができた。（四）『G２０デジタル・エコノミー発展と協力イニシアティブ』が提唱され、エネルギー協力・エコ金融・エネルギー効率の向上など多くの分野において行動計画が策定された。（新華社網の特集報道に基づいて整理した。http://news.xinhuanet.com/world/2016-09/06/c_129271877.htm）（五）『G２０腐敗対策高級原則』、『G２０腐敗対策行動計画二〇一七-二〇一八』が採択され、「許容ゼロ・障壁ゼロ・抜け穴ゼロ」の国際協力三原則が確立し、中国において腐敗対策に関する研究センターが設立された。（王岐山が中国共産党第十八期中央規律検査委員会第七回全体会議で行った政策報告、新華社二〇一七年一月十九日報）

11 『太平洋を跨いだ協力――国務委員の楊潔篪が、習近平主席とオバマ米大統領（当時）のアネンバーグ会談の成果を語る』、新華網米国インディアンウエルズ二〇一三年六月八日報。楊潔篪が記者の質問に回答した際に次のように述べた。米中の新型大国関係が内在することに関して、習主席は会談の中で三つの言葉を用いて鋭い総括を行った。「一つは、衝突せず・抵抗せず、二つは互いに尊重、三つは協力ウィン・ウィンである」。

第五章

集団自律制の強化

中国共産党は一貫して、自律・自警・自省を重視している。革命戦争期には、農民リーダーが勝利を勝ち取ったあとに、傲慢と慢心、リーダー死亡により、政権が崩壊してきた歴史の二の舞を演じないよう、党の指導者はすでに長期執政という高さから、自警・自省に特に力を入れてきた。一九四四年、毛沢東は延安上層部の会議において、党内で郭沫若が李自成について書いた文書を発行した。その目的は「同志たちの戒めとし、勝利を収めたときに傲慢という過ちを再び起こさないようにすること」と言及した。[1] 一九四九年三月、毛沢東は党の七期二中全会で、全党が糖衣砲弾（甘い罠）の前に敗北を喫さないよう、必ず謙虚で慎重、おごり高ぶらない態度、刻苦奮闘の態度を保ち続けるよう注意を促した。[2]

新中国成立後、党は特に上層幹部の変化に直面していた。これに対し、一九五四年、鄧小平は七期四中全会における講話で、党の幹部、特に上層幹部が傲慢と慢心を戒めるよう、「党内で、主に一部の上層幹部の中で、傲慢さが芽生えている。もしこれを克服するよう気を配らなければ、ある恐ろしく危険な事態に発展するだろう」と警告した。[3]

改革開放後、党のこの伝統は続き、廉潔な態度で自律することは、指導幹部、特に上層幹部の自律の重点になっている。一九七八年、鄧小平は、上層幹部は先頭に立ち、身をもって範を示さなければならず、「三要三不要（三つの必要、三つの不要）実行の模範、刻苦奮闘の模範、事実に即して真実を求める模範」となるよう強く指摘した。[4] 一九七九年、鄧小平は再び上層幹部による模範に特化した重要講話を行い、上層幹部は政策や規定に違反して待遇の役得を図ろうとする気持ちを率先して克服し、一般市民とともに艱難辛苦と質素を共にするという今までの姿勢を率先して取り戻さなければならないと強調した。[5]

しかし、一九八〇年代初期には、上層幹部を含むさらに多くの指導幹部が、腐敗の疑いや廉潔自律の面での深刻な問題により、取り締まりを受け、腐敗が党内でますます酷い勢いで明らかになった。特に一九九〇年代からは、陳希同（第十四期中央政治局委員）、陳良宇（第十六期中央政治局委員）など、中央政治局の構成員が腐敗の疑いで取り締まりを受け始めた。第十八回党大会以来の取り締まりの情況から見ると、第十七期中央政治局と中央書記処の構成員二十八人中、周永康（第十七期中央政治局常務委員）および徐才厚・郭伯雄・薄熙来（第十七期中央政治局委員）、令計劃（令計画）（第十七期中央書記処書記）など五人に深刻な腐敗問題が起こり、その割合は六分の一を超え、指導幹部に求められる廉潔さや生活態度に反するだけでなく、党の政治規律や政治規則を著しく損なった。これはまさに、第十八期六中全会で可決した『新たな情勢下における党内政治生活に関する若干の準則』が指摘するように、一時期以来、「特に上層幹部の中のごく少数の政治的野心が膨れ上がり、権勢欲に目がくらみ、面従腹背な態度で、徒党を組んで私利私欲に走り、権力と地位を手に入れようとする等政治的陰謀活動」が、党内と大衆に非常に悪影響を与え、国際社会においても甚だしくネガティブな影響を生み出した。このことは、きわめて深刻な政治的代償であり、非常に重い政治的教訓である。

第十八回党大会以来、習近平は、中央指導部の構成員を含む党内の上層幹部が、各方面において自覚と自律、正しい行い、模範的な態度を率先して示し、党の上層幹部の模範性をもって党幹部グループ全体のクリーンさ、ひいては党の先進性を体現するよう幾度も強調している。**中央指導部の集団自律制は、**

日増しに、党中央が党自身の構築を強化するための重要な柱となり、集団指導体制の重要な構成要素となっている。

一　中央政治局による率先

党中央から始め、党中央に倣うことは、習近平を核心とする党中央が、党内引き締めを全面的に実行する上で最も優れた点である。二〇一二年十二月四日に招集された中央政治局会議は、全党に向けて勤務態度や一般市民と密接に関係する「八項規定」の改善を提起しただけでなく、「**まず中央政治局から始め、**その他の人ができることは自ら先に行い、その他の人が行わないことは自ら決して行わない」という態度の構築を特に強く指摘した。その月の下旬、新華社は再び今期の政治局常務委員の人物に関する情報を続けて報道した[6]。報道内容は、各常務委員の学習・成長・勤務経歴に触れるほか、家庭の情報も全社会に向けて公表し、中央指導層の個人がさらにクリアであるべきとの社会の期待に正面から応えている。また、このことは、全党全社会が中央指導部の構成員を監督し、これよって中央指導部が率先して自律するという高度な自覚性を示している。

二〇一三年一月、習近平は中紀委十八期第二回全会の際に、態度の構築を強化し、八項規定を実行するには、「言ったことをやり遂げ、約束を果たすことは、中央政治局の同志自身から始めよ」と明確に表明した。[7] 六月下旬、中央政治局専門会議において、習近平は、「**態度の改善を強化することは、中央政治局から始めなければならない**」**と再び強く指摘し、さらに、中央政治局の自らの構築を強化し、中央政治局の勤務レベルを向上することについて、五つの面での条件を提起した。**すなわち、思想政治のレベルを常に向上させ、大勢を見つめて大事を計画し、全面的に民主集中制を徹底して実行することにより、模範的な影響を発揮して、一般大衆と親密な関係を保持することである。同年七月、習近平は、河北調査研究で党の大衆路線教育の実践活動を指導する際に、「**党内で、誰が大きな過ちを犯すことができるだろうか。私はやはり上層幹部だと見ている。上層幹部がひとたび過ちを犯せば、もたらされる損害は大きく、党のイメージと威信は大きく損なわれるだろう。……上層幹部は常に自分自身に細心の注意を払わなければならず、言行を慎み、自らを省み、自らに慎重になり、自らを励ますことを、しっかりとやり遂げなければならない**」と再び指摘した。

二〇一四年六月、習近平は、第十八期中央政治局の集団学習の講話で、「**良好な政治環境を創るには、**人から力を入れ、人から始めなければならない。つまり、**各階層の指導幹部、まずは指導層から始めなければならない**」[8]と指摘した。

二〇一五年十月、習近平は、党の十八期五中全会第二回全体会議における講話でこう指摘した。「**中央委員会の同志**は、党員であるならば党員の決まりに従って己に要求を課し、党員であるならば他者の誤りを戒める時には党の将来のために考え、党員であるならば党の事業のために貢献しなければならない。これを率先して行い、模範となる必要がある。**皆は、高官というポストの党と国家に対する特殊な**

重要性を冷静に認識し、積極的に、党が提起した基準に沿って己に要求を課し、自己研鑽し、自分自身を高めなければならない」[9]。

二〇一五年十二月二十八日から二十九日まで、中国共産党中央委員会事務局が上半期に発行した『県処級以上の指導幹部を対象とした「三厳三実（「三厳」とは、厳しく身を修め、厳しく権力を使い、厳しく自分を律すること。「三実」とは、確実に事をはかり、確実に創業し、確実に身を持すること）」を特化した教育の実施に関するプラン』の関係施策に基づき[10]、中央政治局が「三厳三実」に特化した教育に参加する重要な活動として、中央政治局は再び民主生活会を招集した。会議の準備状況から見ると、今回の民主生活会を滞りなく開催するために、中央政治局は事前に「三厳三実」に特化した教育と党の姿勢の確立に関する施策を十分に整理し、中央政治局が実行する「三厳三実」と党建設の強化に関する党内外の各方面の意見を広く募集した。また、「中央政治局の同志はみな、一定の範囲で党の綱領や規約についての教育を行い、特に党中央の権威と党の団結を守ること、全体の情勢に従い守ること、政治規律と組織規律を遵守すること、正しく権力を使うこと、廉潔で自律的であること等について、関連する責任者と率直に意見を交わし、問題点があれば修正し、発言を記録」していた。習近平は会の講話で、「中央政治局の同志は……公務であろうと私事であろうと、党派性の原則を堅持し、自制を強化しなければならない。また、部下や周囲の関係者からの監督を奨励し、受け入れるとともに、党の規律と規則を文字どおり実行しなければならない」と強調した。特に、中央政治局の構成員には、「親族の子女や周囲のスタッフに対して、厳格な教育・厳格な管理・厳格な監督を行い、問題に気づいたら速やかに指摘し、断固として是正する」ことを強く求めた。会では、中央政治局の全員が発言し、党中央の要求事項に沿って照らし合わせ、確認を行った[11]。これは、各級の党組織が「三厳三実」をテーマとした教育施策を強化し、グループ専題民主生活会を開くことに対して模範的影響を与えるだけでなく、全党に向けて党中央指導層の核心構成員が、自省・自律に関して先導的役割を果たしていることを非常にはっきりと知らしめ、全党に適切な廉潔・自律の考え方が築かれるよう導いている。

二〇一六年十月、習近平は、十八期六中全会第二回全体会議において、再び次のように力説した。「全面的な党内引き締めを推進しているとしても、基準や条例を徹底することは、**指導幹部、特に上層部が最優先でなければならない**」「上層部は自分のポストが特別に重要であることを冷静に認識し、自律意識・模範意識・手本意識を強め、党規約を模範的に遵守しなければならない。……上層部のうち、**中央委員会・中央政治局・中央政治局常務委員会構成員が、真っ先にその責任を負う。**……われわれは、党と国家の発展と繁栄、長期安定という高さから、中央委員会・中央政治局・中央政治局常務委員会の構築する重大な意義を知らなければならない」

第十八回党大会以来、党を管理し、党内引き締めを行う主たる責任者が責任主体となり、習近平が全党に向けて模範を示した。また、習近平の指導の下、中央指導部が率先して先頭に立ち、自ら手本を示し、部下を率いるという優れた方法を大きく発展させ、全党の清廉潔白な姿勢の構築を効果的に牽引している。

二　健全な法規制度による取り締まりの強化

健全な法規制度による取り締まりの強化では、明確な政治規律・組織規律・廉潔規律・大衆規律・勤務規律・生活規律が、中央指導部の構成員が厳しい自己管理を行う上での明瞭なラインとなった。

今期党中央による党内制度の構築は、二〇一六年末までに、すでに二本の基準、二十数本の条例および一連の規則・規定・条令・細則など完全に近い党内法規体系を築き上げた。今期の中央政治局第二十四回集団学習は、腐敗撲滅とクリーンな政治の法規制度構築の強化をテーマとして、中央政治局の構成員が中央規律委員会宣伝部部長の肖培の解説を聴取後に、関連する問題について検討を行った。習近平は学習を主宰した際に、「好ましくない慣習と腐敗現象のまん延を引き起こす土壌を一掃し、徹底的に法規制度に拠らなければならない」と強調した。[12]

二〇一六年一月一日から、『中国共産党廉潔自律準則』および『中国共産党規律処分条例』が施行された。前者は党による執政以来、最優先で提唱し続け、全党員に向けた健全で自律した勤務の模範となる重要な基礎的法規であるとともに、党規約の規定に対する具体化であり、全面的な党内引き締めの実践の成果を表している。また、全党員に対して健全で自律的な模範を提起しているという土台があり、さらに、党員の指導幹部については、一般の党員よりもさらに多くの条件を示し、健全で自律的な「高いモラル」を明確にしている。後者は、党規約や規律を具体化することに意義があり、ネガティブリストを列記し、中央指導部の構成員を含む国内の全党員幹部のため、規律のボトムラインを指定した。また、党組織の全面的な党内引き締めにおける責任主体を強調し、党中央に率先して党の管理を強化させ、党建設の原則と要件を具体的に示すだけでなく、党紀の条文を実際に支えている。

二〇一六年十月、党の十八期六中全会で採択された『新しい情勢下における党内政治生活に関する若干の準則』は、次のように明確に言及している。「新しい情勢下において党内政治生活を強化し規制する重点は、各級の指導機関および指導幹部、**核心は高官、特に中央委員会・中央政治局・中央政治局常務委員会の構成員である。上層部、特に中央指導層の構成員が自ら手本となり、**模範的に党規約を遵守し、党の政治規律と政治規則を厳格に守り、初心を忘れず前進し続け、率先して範を示し、部下を率いて、全党と全社会のために模範を示さなければならない」。準則はさらに明確に、**上層部がこの準則を徹底して実行するための実施要綱を定めなければならない**と指摘している。会において、習近平が『新たな情勢下における党内政治生活に関する若干の準則』と『中国共産党党内監督条例』の起草に関する状況を説明した際、「上層部を重点とする」ことに力点を置いて説明し、「(中央指導部構成員) この層に力を入れることで、全党において模範を示すことができ、多くのことがやりやすくなる」と指摘した。

二〇一六年十一月、党の十八期六中全会の主旨を徹底して実施する重要な措置および中央八項規定に対する拡大と深化として、中国共産党中央政治局会議はさらに党および国家の指導者の待遇に関する規制を審議・採択し、「事務の需要を保障し、待遇は適切な低さから」の原則に照らし、党と国家の指導者を退いたら速やかに事務所を明け渡すよう明確に要求し、規定に基づいて職員を配置し、教育管理を強化し、親族と周りの職員を厳しく制限するよう強調した。会議では、全面的な党内引き締めは指導幹部、特に上層部から始めなければならないと重ねて表明され、特に、**関連規定は十八期中央政治局から率先して始め、数回に分けて実施する**ことが指摘された。そして、党中央が自ら手本となり、率先して範を示すことで、全党に対して重要な模範的・先導的役割をもつことが顕著に示された[13]。

三　まとめ

「官職にある者が正しければ、誰が不正をするだろうか[14]」。二〇一四年一月、習近平が中央規律検査委員会十八期三回全会に出席した際に、この言葉を用いて、党内引き締めは党の中央指導層から力を入れることの必要性と有効性を表明した。第十八回党大会以来、腐敗撲滅の情勢に現れた変化に対し、ある海外メディアは、「最も優れた反腐敗機構、最も優れたスタッフ、最も優れた資金的サポート、最新の技術配備はすべて、最高層の政治的決意に代わることはできない」と称賛している[15]。このことは、第十八回党大会以来行ってきたクリーンな政党の構築が得た成果の鍵となる要素を反映している。

第十八回党大会以来、党中央はすでに核心が負うべき責任、集団行動、制度が制約する集団自律制を形成してきた。つまり、総書記が主体責任を負い、先導的役割を発揮して、中央政治局およびその常務委員会が廉潔で自律し、全党に模範を示し、党内の法規体系を大幅に改善し、党の規律を厳格に遵守し

た。

早くも二〇〇三年一月の第十六回党大会招集後まもなく、筆者は中央規律検査員会の招待に応じて、北京で開催された専門家座談会に参加し、「腐敗を防ぐことは、次世代の指導者にとって当面の急務であり、重大な政治的任務」であり、党中央と国務院の指導者は「率先して清廉公正となり、実情を掘り下げることで、大衆との関係を強化し、視察と調査を制度化し、公開する」べきであると提起した。また、在任および退官した党と国家の指導者の子女が、直接にも間接にも「流通分野の経済活動に従事する」ことを禁止することも提案した。[16] これらの提案は、すでに習近平を核心とする党中央によるクリーンな党風構築の実際の政策の中で具体化されている。[17] 党中央の集団自律制の形成と、これによってもたらされた政治生態の浄化と腐敗まん延の抑止の意義は、人民が政治に求めるクリーンさに応えることだけでなく、さらに重要なことは、これによって、党と国家の制度体系の近代化が促進され、グローバルガバナンスの体系と統治能力の近代化に対して深い影響を与えたことにある。

1　毛沢東『郭沫若に宛てた手紙』（一九四四年十一月二十一日）注記、『毛沢東文集』第三巻、二二七－二二八頁、北京、人民出版社、一九九三年。
2　毛沢東『中国共産党第七期中央委員会第二回全体会議における報告』（一九四九年三月五日）、『毛沢東選集』第四巻、一四三八－一四三九頁、北京、人民出版社、一九九一年。
3　鄧小平『傲慢と慢心は、団結の大敵』（一九五四年二月六日）、『鄧小平文選』第一巻、二〇二頁、北京、人民出版社、一九九五年。

4　鄧小平『全軍政治工作会議における講話』（一九七八年六月二日）、『鄧小平文選』第二巻、一二四頁、北京、人民出版社、一九九三年。

5　鄧小平『上層幹部が党の優れた伝統を率先して発揚する必要』（一九七九年十一月二日）、『鄧小平文選』第二巻、二一五－二二〇頁、北京、人民出版社、一九九三年。

6　これらの報道は、『「一般市民、それはわれわれの力の源泉」――中共中央総書記 習近平を記す』、『「何事も人民のために」――中共中央常務委員 李克強を記す』、『「心の中は常に庶民であれ」――中共中央常務委員 張徳江を記す』、『「具体的に働き、虚名を求めず」――中共中央常務委員 兪正声を記す』、『「地域に密着することこそが意欲」――中共中央常務委員 劉雲山を記す』、『「現実に即して実務に励み、責任を捧げる」――中共中央常務委員 王岐山を記す』、『「人民のため、実務に励み、清廉である」――中共中央常務委員 張高麗を記す』、新華社北京二〇一二年十二月二十三日から二十五日報。

7　習近平の第十八期中央規律検査委員会第二回全体会議における講話、二〇一三年一月二十二日。

8　習近平が第十八期中央政治局第十六回集団学習時に行った講話、二〇一四年六月三十日。

9　『習近平、中国共産党の規律と規則を語る』、『人民日報』海外版、二〇一六年一月八日、〇八面。

10　プランでは、二〇一五年末に「機構、企業および公的機関とその内部に設置している組織で県処級以上の党員指導幹部の年度民主生活会と組織生活会は、「三厳三実」の実行をテーマとして行わなければならない」としている。http://dangjian.people.com.cn/n/2015/0420/c117092-26870583.html

11　『「三厳三実」実施状況の対照検査　クリーンな政治を構築するための対応策の討論研究　習近平が中央政治局の専題民主生活会を主宰し、重要講話を発表』、『人民日報』、二〇一五年十二月三十日、〇一面。

12　習近平が第十八期中央政治局第二十四回集団学習で述べた講話。『人民日報』、二〇一五年六月二十八日、〇一面。

13　新華社『中共中央政治局が会議を招集し、党と国家の指導者に関する待遇の規制等の文書、「中国共産党工作機関条例（試行）」、「県以上の党と国家機関の党員指導幹部の民主生活会に関する若干の規定」を審議し、中共中央総書記習近平が会議を主宰』、新華社北京二〇一六年十一月三十日報。

14　習近平の第十八期中央規律検査委員会第三回全体会議における講話、二〇一四年一月十四日。

15　『中国はなぜ反腐敗闘争に勝利しているのか』、二〇一五年三月十日マレーシア『清海峡時報』掲載。情報は学習路上『外国の政府要人とメディアは習近平の腐敗撲滅をどのように評価しているか』から得たもの。http://cpc.people.com.cn/xuexi/n1/2016/0202/c385474-28104625.html

16　胡鞍鋼、王紹光、周建明監修『第二次転換　国家制度建設』（増訂版）、三一五 - 三二九頁、北京、清華大学出版社、二〇〇九年。

17　中央による改革の全面的な深化のための指導グループ第二十三回会議は、北京市・広東省・重慶市・新疆ウイグル自治区の指導幹部の配偶者・子女とその配偶者による商業・企業活動のさらなる規制に関する規定（試行）を審議・可決した。会議は、指導幹部の配偶者、子女とその配偶者の商業・企業活動を規制することは、全面的な党内引き締めの条件を徹底する重要な措置であると指摘した。会議では、上海を試行地区とし、続いて、北京・広東・重慶・新疆を試行地区とすることを決定した。新華社北京二〇一六年四月十八日報。

第六章

集団指導体制の堅持と発展

中国は偉大な国家であり、まさに偉大な時代にある。必然的に偉大な歴史的人物が生まれ、傑出した指導者が誕生し、偉大な事業を成し遂げる。最近の中国の偉大な事業は、「四つの全面」とグローバルガバナンスへの全面的な参画という戦略、「五位一体」と国防および軍隊建設の全体構成に照らし、社会主義的近代化建設を推進することである。

中国はまさに「二つの百周年」という目標に着実に向かっている。中国の社会主義的近代化建設事業は成功を収め、改革開放以来の三十数年のうちに高速な成長の持続を実現しただけでなく、ポスト金融危機時代の複雑な国内外の環境の課題に適切に対応し、安定した成長を維持し、総合国力は新たな段階に踏み出している。

経済の着実な成長と総合国力向上の持続は、党中央の重大な政策決定の成功に、その鍵がある。また、党中央の政策決定の成功の鍵は、中国の政治制度の成功にあり、特に、中央の集団指導体制が成功していることである。本章では、第十八回党大会以来、習近平を核心とする党中央の国家統治と政治運営の一連の成果に基づいて、集団指導体制を代表とする中国の政治制度の優位を総括し、客観的に評価する。

一　四年にわたる党中央の国家統治と政治運営の成果

四年にわたる党中央の国家統治と政治運営の大きな成果を、次のいくつかの側面にまとめる。まず、全面的な党内引き締めにより、党の精神を凝集し、初心を深く心に刻みつけること。次に、全面的な改革により軍を強化し、人民軍を率いて確固不動たる中国の特色ある軍強化の道を歩むこと。中国の人間開発指数をさらに向上し、人間開発の奇跡を創造し続けること。発展の余地を開拓し、海洋強国を目指すこと。「三つの自信」から「四つの自信」に、民族の自尊自強の信念をもつこと。グローバルガバナンスのイニシアティブをとり、世界の構成を再構築すること。

第一に、全面的な党内引き締めにより、党の精神を凝集し、初心を深く刻みつけることである。党は党を管理し、党内引き締めを行わなければならない。全面的な党内引き締めは、習近平を核心とする党中央による国家統治と政治運営の最も鮮明な特徴である。第十八回党大会以来、習近平を核心とする党中央は、全面的な党内引き締めを断固として推進し、党と国家事業に新たな局面を切り開くための重要なよりどころとなり、執政党としての責任を反映し、共産党が人民のために執政するという心情を具体的に表し、人民の利益至上とする価値の追求を体現している。

まず、仕事の方法を構築することと反腐敗を重点とする。習近平を核心とする党中央は、党の存亡という視点から党の情況を深く認識し、強力な手段によって腐敗の撲滅に取り組んでいる。党ガバナンスにおける寛大さの欠点・緩さの欠点・柔軟さの欠点という問題に重点を置いて解決することで、党内の政治生態が効果的に浄化され、腐敗まん延が効果的に抑制され、反腐敗闘争は圧倒的勝利を収めている。二〇一二年十二月の中央政治局全体会議では、まずは中央政治局から風土建設に取り組むことを明確に提起し、業務慣習の改善および大衆と密接に関わることに関する八項規定を審議・採択した。大衆路線の教育実践活動、反「四風」、指導幹部の「三厳三実」に特化した教育、全党員の「両学一做（党規約を学び、一連の講話を学び、党員としてふさわしい品行を身につける）」学習教育によって、全面的な党内引き締めが中央から下部まで効果的に促進されている。反腐敗闘争を深くまで広げるため、「打虎拍蝿（虎もハエも同時に叩く／官僚の腐敗は地位をを問わず厳しく処分）」「猎狐（海外に逃亡した汚職官僚の摘発）」という三つの強硬手段を堅持し、「聖域なく、すべて網羅し、容認ゼロ」の姿勢で腐敗を処罰している。周永康・徐才厚・郭伯雄・蘇栄・令計画等の重大な腐敗事件を取り締まり、第十八回党大会から二〇一六年末までに、起訴すべきかの審査がされている中央管理の幹部は二四〇人、処分二二三人、司法機関への移送は一〇五人である。[1] 二〇一三年から二〇一六年末までに、全国各級の規律検査監察機関による立件は一一四・二万件あり、一一六・五万人の規律違反の党員幹部に対して党紀、政紀による処分を下し、史上最多の件数となった。[2] また、巡回視察という「鋭い剣」の役割を十分に発揮し、中央巡視グループはすでに十一回の巡視を行い、省区市、中央管理の国有基幹企業、中央管理の金融組織をすべて巡視し、中央部門のすべてをカバーした。

次に、幹部グループを構築することにより組織保障を行う。 第十八回党大会以来、習近平は、優れた幹部の二十字基準を提起し、人材の選抜や登用の適切な志向を提起した。党中央は人材の選抜や登用を厳しくチェックし、新たに『党政指導幹部選抜任用工作条例』を制定・公布した。これにより、民主的推薦・民主的評価・競争性選抜制度を完成させ、在職期間中の成績評価・幹部考察を改善し、幹部の能力に応じた昇格や降格を推進し、「四唯」と幹部抜擢が抱える欠点等の顕在化した問題に重点的に説明をつけた。末端党組織と党員グループ建設を厳しく強化し、党建工作責任制を末端まで実施することで、党の執政の基礎を固めている。

さらに、制度構築を揺るぎないものとし、全面的な党内引き締めに効果が現れている。第十八回党大会以来、党中央は制度構築を厳しく強化することから、全方位的に制度の網を張っている。五十余りの党内法規が、続々と公布または改正され、その内容は、巡視・廉潔自律・規律処分・問責等に及び、党内法規の制度体系が整備された。党の十八期六中全会では、新たな情勢下において党内で顕在化した問題の解決に重点を置いて重要なトップダウン設計を行い、『新たな情勢下における党内政治生活の若干の準則』と『中国共産党党内監督条例』を審議・可決した。これにより、マルクス主義の結党理論と実践を土台として、さらに大きな革新的発展がもたらされた。

第二に、全面的な軍の改革と強化により、人民軍を率いて中国の特色ある軍隊強化の道を歩むことである。中国の軍力指数は大きく向上し、米国との格差も縮小し続けている。**一つは、軍事体制の改革を推進し、軍の腐敗撲滅を励行したことである。**国防と軍隊改革は重大な歩みを踏み出し、改革強軍戦略を全面的に実施し、国防と軍隊の改革を深化するためのプランを制定した。これにより、新たに大規模な国防と軍隊の改革が始動した。法に基づく軍の統治、厳格な軍の統治を踏み込んで推進し、統治権という鍵を掴むため、初めに緊密な権力行使の制約と監督の体系を構築した。また、二〇一六年末までに、少将級以上の軍高官五十人余りを処分し、特に、徐才厚・郭伯雄等を処分することで、軍隊の気風を大きく整えた。さらに、軍隊の有償サービスを全面的に停止するとともに、政府機関と非戦闘機構の人員をスリム化し、軍隊の核心的戦闘能力を全面的に向上させた。

二つは、国防への投資を増やし続け、米国との格差を縮小したことである。二〇一二年以来、中国の軍事費がＧＤＰに占める割合は緩やかな増加を保っている。中国の国防支出（購買力平価、二〇一一年国際米ドル）が世界の総量に占める割合は上昇を続けており、二〇一〇年の一〇・六二％から二〇一五年の一四・八三％に伸びている。同じ時期の米国は、そのＧＤＰが世界総量に占める割合と米国の国防支出がＧＤＰに占める割合が「ダブル下降」しているため、国防支出が世界総量に占める割合も下降を続け、二〇一〇年の三一・三三％から二〇一五年には二二・九〇％となっている。[3] **米国と中国の国防支出の格差は、二〇一〇年の二・九五倍から二〇一五年には一・七八倍に縮小している。**

第三に、中国の人間開発指数をさらに向上し、人間開発の奇跡を創造し続けることである。この四年来、中国の人間開発指数は、再び新たな段階に踏み出した。二〇一〇年に中国の人間開発指数（ＨＤＩ）は〇・七〇〇に達し、高い人間開発グループ（ＨＤＩ≧〇・七〇〇）に踏み入れたことに続き、二〇一五年には〇・七三八に上昇し、高い人間開発グループの平均値に近づいている。この数字は、統計に参画している百八十八の国家と地域のうち、第九十位にランク付けされている。

一つは、民生保障の質がさらに向上したことである。二〇一五年の中国の平均余命は七六・三四歳まで上昇し、高い健康水準の条件下で早いスピードで上昇し続けているだけでなく、すでに高い人間開発グループの平均（七五・五歳）を超えている。また、生産年齢人口が教育を受ける年数は平均で一〇・二三年に上昇している。住民の収入格差はさらに縮小し、都市住民の収入格差も縮小を続けている。[4]

二つは、貧困削減を続けていることである。中国の農村貧困人口は、二〇一二年末の一億二二三八万人から二〇一六年の四三三五万人に減少し[5]、年平均で一九七六万人が脱貧困を実現している。二〇一五年、習近平はさらに貧困削減と発展のハイレベルフォーラムにおいて、二〇二〇年までに現有の基準下で七千万人余りの貧困人口をゼロにすることを約束するとともに、「脱貧困という難題に打ち勝つ」ための行動計画を公表し、貧困者を扶助するための一連の措置を提起した[6]。

第四に、発展の余地を開拓し、海洋強国を目指すことである。習近平を核心とする党中央は、まず海洋強国建設の国家戦略を提案し、現実に立脚するだけでなく、長期にわたる検討により、中国の制海権が、一連の重要な実質的行動の中で、かつてないほど強化された。**一つは、国家海洋権益を守り、周辺の海洋秩序を再構築することである。**三沙市の正式な成立である。国家海洋局を組織し直し、中国海警局の名義で海洋権益保護の法律を執行し、中国の海洋統一の法律の執行を大きく推進した。東シナ海防空識別圏を正式に指定し、国家主権と領海領空の安全の保護に力を入れ、中国の海空戦略の大きな進展を実現した。南シナ海ではかつてない規模で海を埋め立てて島を造り、南シナ海地区の戦略構造を大きく転換させ、中国の南シナ海における主権を公表し擁護した。海軍装備の構築はこれまでにないほどの高まりを見せており、空母を含む国内の新型主戦艦艇が就役し、海軍装備の近代化レベルや海軍訓練レベル、作戦能力が大幅に向上した。

二つは、海洋経済強国を構築し、海洋ガバナンスに積極的に参画することである。国家「十三五」計画では、まず国家五カ年計画中に「海洋経済空間の開拓」という一章を設け、海洋経済の発展に対してトップダウン設計を行った。「二十一世紀海上シルクロード」の沿線国家に重点を置き、海洋領域の国際多国間・両国間協力を積極的に強化し、国際的な海洋関連組織の海洋事務に踏み込んだ参画をしている。[7]

第五に、「三つの自信」から「四つの自信」に、民族の自尊自強の信念を深く植え付けることである。まず、習近平が率先して文化的自信をリードし、民族の自信の根源を強化している。習近平は、「五・一七」講話で、「中国の特色ある社会主義の道の自信・理論の自信・制度の自信を揺るぎないものとすることは、結局のところ文化的自信を確固たるものにすべきであり、文化的自信は、より基礎的な、より深い、より恒久の力である」と指摘した。また、中国共産党成立九十五周年の祝賀大会の講話では、再び「全党は歩む道の自信・理論自信・制度自信・文化自信を確固たるものにしなければならない」と明確に提起した。習近平はさらに率先して文化的自信をリードしており、これまでの講話の中で、中国古代の詩や諺を多く使い、中国の伝統文化と古代の国家統治と政治運営の思想からエッセンスを吸収し、全党と全国の人民に習近平の一連の思想理念と精神を認識・理解させるための重要な示唆としている。

次に、党と国家の重大な政治生活を公開し、より高い政治的自信を体現している。二〇一六年に全国人民代表大会と中国人民政治協商会議に参加した外国人記者の数はこれまでで最多の規模となった。[8] 十月末、党の十八期六中全会の文書起草構成員および関連専門学者は、六中全会の歴史的意義・テーマ選択・文書起草過程等の問題について、十七の国とEU加盟国の駐華代表団の数十名の記者と外交官とともに交流を深め、[9]「中国の声」を世界規模のメディアを通じて世界に知らせ、世界に真実と開放、自信みなぎる中国を見せている。

さらに、世界に向けて中国が平和を守るという揺るぎない決心と強大な力を示している。二〇一五年中国人民抗日戦争・世界反ファシズム戦争勝利七十周年記念式典において、習近平は世界に向けて、兵力三十万人削減の軍縮を約束し、「正義必勝、平和必勝、人民必勝」という時代の強音を発した。また、閲兵式では、数十名の外国指導者が現場を訪れ、多国行進時の隊列、代表チーム、軍隊視察団がその盛り上がりに参加し、国家の威信と軍の威信を強大にし、人民の愛国精神を大きく鼓舞した。

第六に、グローバルガバナンスのイニシアティブをとり、世界の構造を再構築することである。初めに、中国経済の実力は再び大きなステージに踏み出した。ポスト金融危機という時代背景のもと、中国経済はスピードのある発展を維持し続けており、二〇一三年の中国経済総量は米国を上回り、世界第一位となった[10]。第十六回党大会で掲げた国内総生産を二〇二〇年までに二〇〇〇年の四倍にするという目標は、二〇一六年までにすでに前倒しで実現した。

次に、中国が世界の舞台の中心に踏み出すことである。米国が主導するグローバル政治経済の旧体系にはブレーキがかかっている。一方、中国はグローバルガバナンスの「一連の措置」に全面的に参画し、「一帯一路」構築にとって良いスタートを切っている。人民元が正式にＩＭＦ特別引出権（ＳＤＲ）バスケットに採用され、杭州Ｇ２０サミットが成功裏に開催され、気候変動に対応する行動計画が順調に成就した。また、対外援助の規模はさらに拡大し、世界規模の影響戦略において資源配分とゲームルールの制定の能力は明らかに上昇し、中国はすでに世界のリーダー、国際政治課題の重要な推進者となっている。

さらに、「一帯一路」構築の進度と成果は予想を超えている。二〇一三年から二〇一五年まで、習近平は「一帯一路」戦略構想を速やかに国家戦略に転化し、はっきりとした行動ロードマップを形成した。「一帯一路」戦略実施を全面的に拡大し、欧州・アジアグループの地理政治経済構造に対する影響が初めて現れ、「一帯一路」沿線国家の投資キャッシュフローが中国対外直接投資キャッシュフローに占める割合は上昇している。[11]アジアインフラ投資銀行とシルクロード基金に代表される金融協力は絶えず深まりを見せ、影響力のあるシンボル的プロジェクトが少しずつ誕生している。

最後に、中国は地球規模の気候変動への対応において、鍵となる役割を果たしている。習近平による推進のもと、二〇一四年十一月に米中は排出削減の合意に達し、[12]それぞれ二〇二〇年以降の気候変動に対応する行動目標とプランを公表し、二〇一五年の国連パリ気候大会で達成した『パリ協定』の重要な土台となった。また、二〇一六年十一月に『パリ協定』は正式に効力を発し、法的拘束力をもつ国際条約となった。これは、中国が積極的に地球気候ガバナンスに参画し、世界の指導力を発揮し、国際的な影響力を高めた成功事例である。

二　中国政治制度の比較優位

習近平は、次のように指摘している。社会主義的民主政治の発展は、われわれの優勢と特性を増やし、拡大することが鍵である[13]。党中央の集団指導体制は、中国政治制度の注目すべき点であり、その独自性と優位性を具体的に示すものである。

新中国の成立後、中国政治制度は七十年近い発展と進歩を経て、世界で唯一の政治制度体系を形成した。中国政治制度の独自性は、中国特有の政治文化の伝統・歴史のルーツ・国情の土台・発展の道に由来する。その中心は、党の指導と人民の主体的地位であり、政治・経済・社会・文化・軍事・外交等の各方面に反映されている。まさに、その独自性によって、中国政治制度は一連の非常に重要な比較優位を備えたのだ[14]。

習近平が指摘するように、「中国の特色ある社会主義制度の生命力は、この制度が中国の社会的土壌の中で成長してきたことにあり[15]」、中国の国情に十分に適応している。また、中国共産党に歴史と人民が授けた偉大な使命を任じ、中国を激しい国際競争と激動する国際環境の中で不敗の地に立たせ、総合国力・国際影響力・国際競争力を高め、十三億を超える中国人民を民族復興の希望に導いた。われわれは、次の十の面から、中国政治制度の比較優位をまとめる。

第一は、国家の公益的産物の供給優位である。中国政治制度はすべての人民に最も重要な公益的産物を提供している。すなわち政治的安定・安定的団結・政治的秩序・社会的秩序である。公益的産物とは、社会全体に提供できるものを指し、これによって、すべての人民の幸福が求める産品とサービスを促進し、守っている。それは、新鮮な空気と同じように、見ることのできない、つかむことのできないものであるが、誰もが必要とするものである。世界大国および主要政党の中でも、中国共産党は特に重んじており、さらに政治的安定・社会的安定の維持に熟達している。このような安定性は、中国共産党の歴史的任務に由来し、人民に対する責任でもあり、全人類に対する貢献でもある。政治的安定は、主に、党と国家の政治上で制度化され、党の執政理念・国家の成長目標・発展計画・重大政策の連続性に反映されている。また、社会的安定は、社会的規範の広範な有効性と社会的矛盾の高い制御性に反映され、社会的正義の実現感と人民の生命財産の安心感に反映されている。中国はそれゆえ政治的安定・社会的安定を実現し、中国共産党は立党為公（人民の利益以外は何も求めない）・執政為民（人民のために政治を行う）を貫いている。また、党の執政地位が長期に安定し、執政能力を向上することが肝心であり、党に忠実な人民軍を育成することがその保障である。まさに、安定という重要な前提があってこそ、人民が安穏な暮らしを送ることができ、中国が社会主義的近代化の戦略目標を一歩一歩実現し、中華民族の偉大な復興を目指すことができるのだ。

明確な比較となるのは、今世界の多くの国で不安定と衝突が常態となり、公益的産物である政治的安定と社会的安寧がきわめて不足していることである。北米では、トランプが米国大統領に当選したものの、選挙の過程および政権を獲得して以来発表してきた一連の政策が、米国社会の分断と対立に拍車をかけている。また、西欧では、難民が入国するフランス・オランダ等の国で起きた国粋主義勢力の台頭が、選挙戦に衝突をもたらした。さらに多くの国では、長期にわたって軍事クーデターや軍人の政治介入による混乱が頻発している。[16]ある国では武装グループが乱立し、何年も乱戦を続け、ともすれば「城壁の上に王旗がはためき」[17]、国民生活の幸福が最大の犠牲となっている。社会の安全という面では、西欧諸国は最近「イスラム国」によるテロの襲撃で暗雲が立ち込めている。アフガニスタン・イラク・シリア等の国は、元の政権が米国によって崩壊した後、現在もテロリズムによる血生臭さが充満している。世界に目を向けると、安定し安全な中国は、間違いなく「風景がひときわ良い」のである。

第二は、社会的組織化の優位である。人民を組織し、「ばらばらの砂」のような状況に徹底して別れを告げるには、中国が半封建・半植民地の状態から抜け出し、人民民主国家を建設することが必要条件である。また、中国が後進国家として近代化を目指す上で、先進国家へのキャッチアップを加速することが重要な前提である。これは、中国の基礎的国情と発展的環境によって決定される。中国社会が効果的に組織するには、その前提として、中国共産党という高度に組織化した強力な核心があるのだ。中国共産党は世界最大の執政党であり、八九〇〇人余りの党員を擁する。[18]中国共産党は、中華民族の優秀な人材を絶えず受け入れることで二つの「先鋒隊」[19]をつくり、合理的な理論体系と思想政治を建設することで全党の思想上の統一[20]を保証し、厳格な規律体系を築いている。また、全党員・党の中央機構・党の地方組織と基層組織により有機的統一総体を共同で創り上げ、強大な動員力と執行力を備えることで、中国の社会主義的近代化事業を統率するという使命を担っている。さらに、党は国家機構・基層社会の各レベルの組織との間に密接な結びつきを構築し、国家レベルから社会基層まで拡大することで、四五〇万余りの基層党組織を通じて世界総人口の五分の一を占める中国人民を束ね、全民族の団結を実現する。

一方、十三億の人口大国であるインドを見ると、七つの全国性大党・四十の地区政党を含む千余りの大小の政党が議会選挙に参加している[21]。しかし、人民に対する効果的な組織は終始実現できず、インドの歴史と文化がもたらした多国による支配・宗派の林立・統一的土台の弱さ等の難題を克服できていない。政策過程は砕かれ、国家発展の歩みは滞っている。

第三は、思想統一の優位である。社会主義イデオロギーは社会イデオロギーの主流である。習近平は二〇一三年の全国宣伝思想工作会議における講話で「イデオロギー事業を成し遂げることができるかどうかは、党の将来にかかわり、国家の長期安定にかかわり、民族の結束力と求心力にかかわる[22]」と指摘している。中国共産党は一貫して、マルクス主義のイデオロギー領域における指導的地位を堅持し、マルクス主義的中国化・時代化・大衆化を推進し続けるだけでなく、現代の中国マルクス主義を発展させ、自己の道を歩んでいる。それに加え、米国をリーダーとする西側敵対勢力による中国のイデオロギーに対する攻勢を耐え抜き、イデオロギー領域からの挑戦と試練に効果的に対応することで、西側が中国に広めた虚偽性と敵対勢力の企みを中国人民にはっきりと認識させている。中国共産党は一貫して、共産主義の遠大な理想と中国の特色ある社会主義の共同理想を旗印に、社会主義の核心的価値を大いに発展させ、全人民の中に、社会主義制度の政治的評価を固め続けている。また、中国経済社会が発展を維持し、国民生活の幸福を絶えず改善するという利益の追求を強化し、国家の富強と個人の幸福という夢を有機的に統一する行動規範を確立することで、社会主義イデオロギーを主流とし、社会の団結・人心の集中に対して重要な役割を果たす。さらに、それと各レベルの組織は同じ道を歩み、共同で中国社会の基本的秩序を守っている。

ソ連を見ると、ソ連共産党の指導者はマルクス主義に背き、党と国家の歴史に自ら泥を塗り、西側のイデオロギーの氾濫を放置した。また、自らソ連社会主義を覆し、ソ連共産党の指導を打ち壊してしまった。このことが、ソ連共産党が解散し、ソビエト連邦が崩壊するという、二十世紀最大の政治的悲劇をもたらす重要な原因となった[23]。今世紀は、東欧・中央アジア・北アフリカで「色の革命」が起きた国家は、元の政権が、米国のイデオロギー攻勢、とりわけ当局政権に対する場当たり的な中傷を前にして対応力が乏しく、これに加えて米国式価値観・民主主義モデルと生活方式に、長期間、知らず知らずのうちに感化されていた。このことが、反対派が登場し、扇動した時、多くの民衆が事態を区別せず、うまく利用され、当局政権の崩壊・国家の破綻と戦乱・社会の不安定が加速するという深い溝を引き起こした。これらは、イデオロギーのコントロールができなくなったことで、国家政権の転覆・一般市民の災難が起きるという一連の教訓であり、現在の中国社会に、西側の真の姿について、ますますはっきりとした認識を抱かせている。また、政治的安定・社会的安寧という得難い情勢を尊び、戦略の好機を捉え、一心に発展を推し進めることは、早くから中国社会の普遍的な共通認識となっている。

第四は、人民代表の優位である。中国の政治制度は、社会の異なる階層や集団の利益を普遍的に代表している。習近平が指摘するとおり、人民代表大会制度は「中国の国情と実情に符合し、社会主義国家の性質を具体的に示し、人民が国家の主であることを保証し、中華民族の偉大な大復興を保障する優れた制度[24]」である。この制度は、中国の特色ある社会主義制度の根本的な政治制度であり、人類の政治制度史上の偉大な創造であり、人民を中心とする思想を政治に深く反映しているものである。人民代表大会制度のもと、中国共産党は執政の社会的基盤を絶えず拡大・強化し、大衆性と階層性を両立し、中国の人民すべての全体的・根本的・長期的な利益を代表している。また、異なる社会集団の利益要求を調整し、その要求を整理し両立させる中で指導と誘導の機能を発揮し、人民に由来し、人民をよりどころとし、心から人民に尽くすことを真に成し遂げている。人民代表の優位は重大な政策決定の中で、合理化・民主化レベルを引き上げている。五年計画の策定や医薬衛生体制の改革等のモデルケースでは、大衆の意見を広く募集し、意思疎通によって異なる意見のハイレベルな協調を図るなど、オープンに、また、合意形成を図りながら政策決定を行っている。また、人民代表の優位は、大衆の意見を集め、取り入れることで政策決定の合理性を高め、実行力を伴う政策決定を行うことで具現化されている。これにより、競争性の政治体制のもとで、政策決定効率の低下や権力による妨害などの弊害を回避している。

米国を見ると、異なる社会集団の対立と社会的分裂がますます深刻になっている。「ウォール街を占拠せよ」運動が現す一般市民と富裕層の対立や、二〇一四年の警察官による黒人射殺事件に端を発した異民族間の長期間の摩擦だけでなく、二〇一六年の大統領選挙期間中に浮き彫りとなった政治的意見や利益要求が異なる者同士の激しい対立等、ひとつに止まらない。このほか、銃規制・移民・同性婚など多岐にわたる文化的認識の深層的問題では、異なる意見集団が日増しに硬化し、相互の妥協は難しくなり、社会的衝突もたびたび起きている。

第五は、政治協商（政治的協議）の優位である。中国の政治制度は、政治的協議において政党間の協力と熟議民主主義を実現し、政治的団結を果たしている。中国共産党が指導する政党間の協力と政治協商制度のもと、中国共産党と民主党派は「長期に共存し、相互に監督し合い、親交を結び、栄光と恥辱を共に」して、最も広範な愛国統一戦線を結成し、すべての民族の団結と連合を促進することで、国家と人民が利益を受けている。習近平は「社会主義的熟議民主主義は、中国の社会主義的民主政治に特有の形態であり、独特な強みである。また、党の大衆路線が政治分野で具現化されているという重要な表れである」[25]と述べている。第十八回党大会、特に党の十八期三中全会以来、中央はさらに踏み込んで、熟議民主主義を広範で多層的な制度にするよう取り組んでおり、熟議民主主義のトップダウン設計・熟議体系の建設・熟議チャネルの建設等が、新たな発展を見せている。二〇一五年だけでも、中共中央『社会主義協商民主（熟議民主主義）建設の強化に関する意見』、『中国共産党統一戦線工作条例（試行）』、中共中央事務局『人民政協協商民主の強化に関する実施意見』、中共中央国務院辦公庁『城郷社区（都市農村地域）の協商強化に関する意見』、中共中央『政党協商の強化に関する実施意見』等多くの重要文章が相次いで制定・実施され、熟議民主主義の制度化レベルはさらに向上している。

米国を見ると、民主党と共和党は、異なる利益集団を代表しており、その違いははっきりしている。権力のチェック・アンド・バランスを初志とする「三権分立」という政治の舞台は、近年ますます利益集団同士の格闘場に成り果てている。また、両党の大統領候補者は、票を獲得するために弱点を暴いて攻撃し合い、中傷し合い、政治闘争の茶番劇を何度も繰り返している。連邦レベルの政策決定では、両党間の協調・協力は日に日に衰退しており、互いに対峙し、土台を揺さぶり、責任をなすりつけ合うことが常態化し、否定のために否定している。さらに、第二期オバマ政権では、予算が国会で成立し得ないために、連邦政府の「機能停止」を招いた。これに対して、オバマは一般教書の中で、連邦政府が「何事も成し遂げていない」「秩序を失った」[26]ことを認めざるを得なかった。現在の米国の「チェック・アンド・バランス」体制に存在している様々な弊害は、社会主義的熟議民主主義が回避しているものであると言える[27]。

第六は、民族団結の優位である。中国の政治制度は、民族関係に適切に対応することができ、国家の統一を守り、民族の団結と共同の繁栄を促進している。中国共産党が指導する民族区域の自治は、ひとつの基本的政治制度と少数民族地区の基本的政権形態として、中華人民共和国の単一制政体と団結統一を尊重する従来の政治文化に合致しており、各民族の平等と団結、共同繁栄の基本原則を十分に具現化している。中国共産党の指導のもと、中国は「一体多元」の現代国家の建設に成功している。この「一体」とは土台であり、中華民族の全体性を指すだけでなく、各民族が運命共同体を構成していることを指す。また、「多元」は「一体」という土台の上にある「多元」であり、主に多民族・多言語・多文化を表している。まさしく習近平が指摘するように「わが国は、統一的多民族国家である。各民族の多元一体は、祖先がわれわれに残した重要な財産であり、われわれの国家の重要な優位でもある」[28]。新中国が成立して七十年近く、ペアリング支援や西部大開発等のように、中国は一連の重要な民族発展政策を実施してきた。これは、民族地区の経済社会の飛躍的な発展を力強く推進しただけでなく、民族地区の長年にわたる貧困状態を大きく変え、少数民族の生活を改善した。また、民族幹部の育成や伝統文化の保護等多方面でたくさんの施策を行い、他民族の調和と繁栄という「中国式モデル」を創り出した。

現代の世界を見ると、民族（種族）問題にとらわれ、そのうえ、これによって国内動乱や国内戦争、国家解体等の由々しき結果を引き起こした例は数多い。例えば、ソ連や東欧の激変の中、旧ソ連は十五の民族国家に分かれ、旧南スラブは六の民族国家に分かれた。また、インドのように、北東部のアッサム等の地区やパンジャーブ地方、インド支配地域のカシミール地方は、民族分離主義の災難を被った地域であり、今日に至るまで襲撃事件が発生している。さらに米国のように、二〇一六年の警察官による黒人射殺によって長く存在していた種族の摩擦を再燃させ、各地でアフリカ系米国人によるデモ行進や警察官襲撃事件を引き起こした。最も痛ましい教訓として、一九九四年に二か月間続き、一〇〇万人近くが死亡したルワンダ虐殺を超えるものはない。

第七は、改革・革新の優位である。中国の政治制度は、一貫して改革と革新の中で時代とともに発展し、改善を続けてきた。習近平は「改革開放に終わりはない」「改革開放は進めていくだけであり、完成はない」とたびたび指摘している。中国共産党は、改革と革新の中で発展の活力を追い求めている。改革は革新を意味し、革新の中でのみ環境の変化に対する適応性を保ち続けることができ、永続的な発展を勝ち取ることができるのだ。中国の政治史度革新の比較優位は、改革そのものにおいて、マルクス主義の代表的な理論に対する発展性、中国の近代化プロセスに対して求められる適応性を具現化しているだけでなく、改革分野における全面性、改革方法の合理性、改革を深める自覚性を具体的に示している。党の十一期三中全会以来、中国は経済体制の改革をもって牽引し、社会主義的市場経済体制の基本的な枠組みを構築した。また、政治・文化・社会・エコロジー・軍事・外交体制の改革を共同で推進し、これを経済体制の改革と対応させ、中国の特色ある社会主義事業全体の仕組みを形成した。十八期三中全会は、改革の新たな一ページを開き、全面的な改革の深化の号令を鳴らし、改革の総目標と二〇二〇年までの段階的な目標を提起した。また、全面的な改革の深化を「四つの全面」戦略に書き込んだ。具体的に、政治体制の改革から見ると、党の民主集中制によって堅持することができ、党中央の集団指導体制を再建して強化し、再び革新と発展を続け、一つの核心と「七つのメカニズム」という集団指導体制の枠組みを形成した[29]。人民本位で法による国家統治という執政理念を全面的に樹立し、執政方式は合理的執政・民主的執政・法に基づく執政の道を歩んでいる。人民代表大会制度、特に選挙制度は改善を続け、大衆の秩序ある政治参画は拡大を続け、人民の民主権利はさらに高いレベルで保障されている。政治協商会議制度・基層民主制度・民族区域自治制度の具体的メカニズムは充実し、党内の民主的秩序は拡大している。党風廉潔（廉潔な政治を行う党風）と反腐敗のメカニズム、国家監察制度は革新し発展している。

米国を見ると、「民主政体」が「ビトクラシー」（vetocracy）に異化するという苦境に直面し、両党は米国の政治がすでに「否決政治」の損害を受けていることを十分に承知しているが、オバマあるいはトランプであっても、その現状を変える力はないのだ。また、変える力がないだけでなく、その場しのぎで、議事に関する規則を武器として、政策の検討課題の中で相互に妨害し合っている。[30]このほか、大衆メディアの多元化も、大きな度合いで、政党の観点と立場を極端な傾向に加速させている。しかし、米国の関連法律に基づくと、この傾向は短期間のうちに転換するという見通しは立たない。[31]改革と革新は、今の米国政治に関して言うと「やらないのではなく、本当にできない」[32]のであり、米国の制度が硬直化し、環境と互いに影響し合う力が弱体化していることを表している。これを、政治学者のフランシス・フクヤマは「政治の衰退」[33]と呼んでいる。

第八は、学習型政党の優位である。中国の政治制度は、中国共産党員の積極的な学習を具体的に表しており、歴史を学び今を知る、優れたものを広く集めることに熟達している。習近平はこのように指摘している。「歴史と現実はどちらもわれわれに教えてくれる。事業の発展には終わりがなく、学習にも限界はない」「中国共産党員は学習によって今日まで歩んできた。また、必然的に学習によって未来に向かうのだ」[34]。学習型政党の建設は、中国共産党の長きにわたる優れた伝統である。中国共産党はトップダウンの体系的な学習メカニズムを形成した。中央層では、中共中央政治局が固定的な集団学習制を形成している。学習の内容は幅広く、治党・治国・治軍、内政・外交・国防の各分野に及んでいる。学習形式は充実しており、専門家による講義・体系的な講義、さらには内部の交流・視察学習があり、知識と情報が中央指導部で共有されるよう促し、全党に向けて優れた模範を示している。地方各レベルの党委にも理論学習中心組が設けられており、定期的に集団学習を組織している。二〇一七年三月に『中国共産党党委（党組）理論学習中心組学習規則』が制定されたことに伴い、党内の組織化と学習メカニズムが一歩進んで成熟し、完成した。中国共産党は西側諸国を含む全世界に、その他の国家の先進文明の成果を学ぶことを含め、資本主義に市場経済を学び、シンガポールに幹部の管理と廉潔の構築を学んでいる。これは、典型的な例である。実際、早くも一九九二年には、第十四回党大会の報告で、次のように明確に提起している。「社会主義は資本主義と比較して優位を勝ち取らなければならず、資本主義発展国家を含む世界各国の歴史を吸収し、学んだすべてを、現代社会化の生産と商品一般規則の先進的な経営方式と管理方法に反映させなければならない」。これはまさに、中共の開放と意識の学習の最良な報告である。

比較すると、西側、特に米国が長い間、民主を「正統」であると自任してきたことは、うぬぼれであり、自分自身を閉鎖し、自身の制度は「世界中で最も正しい」優れた制度であると考えている。これは、反省に欠けているだけでなく、世界にあるその他の国家の制度を尊重し、手本にしようという姿勢に欠けている。また、米国政府は長い間、米国式の民主主義を拡大することに注力し、多くの非政府組織（例えば、米国国際講話研究所ＩＲＩや米国国際民主研究院ＮＤＩ）が他国に「無料」で多党制や普通選挙制の知識と経験を広め、反対党派の組織を助け、さらには他国の政権に対して戦争やもめごとを起こすことを厭わない。中国の政治制度が示す競争力に直面し、米国政界の主流は多くがいわゆる「権威政体」に対する批判にとどまり、未だに対抗と抑止という冷戦の思考から抜け出すことができていない。これに対し、研究者が早くから指摘していることは、政治エリートを含む米国人は「中国が米国に学ぶことに慣れてしまった」「共和党の中国に対する知識は怒りを感じるほど少なく、共和党の大統領候補者が誠実な態度で中国について議論しようとする意思も驚くほど低い」ということである。[35]

第九は、政治人材の育成と選抜任用と優位である。中国共産党は十分な経験を積み、治党・治国・治軍の大任に耐え得る優秀な政治人材を育成・任用している。習近平は、党の事業の「鍵は人にあり、高い素質の幹部チームをつくる」[36]と提起している。中共中央指導部を例にすると、この集団の指導者はしばしば二つの段階の経験を積んでいる。一つめの段階は、各省区市、特に若干の経済大省と直轄市の党委書記を担い、国家を統治する以前に省の統治を十分に学ぶ。二つめの段階は、任期中の中央指導部の主要助手を務め、国家統治と政治運営、重大な政策決定を直接観察し学ぶのだ。[37]どの段階でも、指導者は西側諸国の「一国規模」に近い統治と向き合い、厳しく複雑な環境の試練を経験し、既存の統治経験の真髄を学ぶ。それによって、ずば抜けて優秀な指導者による党と国家の指導を確保している。

これだけでなく、中国共産党は、才徳兼備・組織の認可・大衆の公認等の重要な原則に基づいて幹部を登用し、幹部の選抜と任用のプロセスを絶えず改善し、選任と任用の基準を厳格に設定し、合理化している。中国共産党は、さらに、広い視野で幹部を選任し、女性・少数民族・党外人材の中から幹部候補を選抜し、指導的職務を担わせるよう特に力を入れている。また、各レベルの党校を主たるチャネルとし、その他の関連部門と高等教育機関が参画する比較的完成された幹部養成体系を構築することで、党幹部の教育養成施策がさらに新しい情勢の新しい任務の必要に適応できるようにした。さらに、幹部を中央機関・国家の各部と各委員会・地方の党政部門・国有企業間との交流人事に計画的に配置し、全面的な「複合型」幹部と中国「政治家グループ」予備軍の能力を養成している。一連の制度設計を通じて、党幹部チームの人的資源の質と数を向上させ、党の国家統治と政治運営が頼る貴重な財産となっている。

米国を見ると、大統領となってホワイトハウスに入り、重要ポストの人選を行う際、政治経験が不足している人材を登用することが多々ある。たとえば、トランプが大統領に就任した後、内閣はすべて政治経験の少ないビジネス界のエリートに入れ替わった。注意する価値があるのは、米国政治の実践から見ると、州の一級主官は州を跨いで職に就くことは想像が難しい。つまり、州を跨いで職に就く人事異動がないだけでなく、場所を変えて政治に携わることをサポートする政治基盤に欠けている。米国連邦政府と州の一級参議院は、多くが何代もそこに生まれ、そこに育ち、その家族は現地できわめてしっかりとした政治経済の基盤を有している。また、多州政治の版図の中で、代々政治に携わり、政治と経済の相互利益のある「少数」の家族は数知れず、政治生態の枠組みには長期固定化の利点が現れている。

第十は、党自身の建設の優位である。中国共産党は強大な執政能力を有し、党建設を続けることでこの能力を積極的に強化している。「鉄を打つにはそれ自体が硬くなければならない（事を成すには強力な意思・才能がなくてはならない）」、中国共産党は一貫してマルクス主義の心情と社会主義、共産主義信念を政治精神とし、一貫して時代にあわせて党の思想理論体系と執政方式を革新している。これにより、党内の民主制度化のレベルと実際の効果は向上を続け、自身の革新の活力を強め、より力強く、高い素質を備えた執政の柱となるチームをつくることに終始注力してきた。とりわけ、第十八回党大会以来、習近平を核心とする党中央は、全面的な党内引き締めを「四つの全面」戦略の枠組みに盛り込み、作風建設（方法の構築）と反腐敗闘争を全面的な党内引き締めの重要な内容とした。これにより、党の統一的指導の反腐敗施策体制の構築に尽力し、規則による党の統治と法による国家統治の有機的な統一という党と国家の統治体系を形成した。[38]工作作風（施策の実施方法）の改善・大衆と密接に関係する「八項規定」を策定してから、大衆路線教育実践活動や「三厳三実」教育活動、「両学一做」活動を展開するまでになり、さらに「親（親しく）」「清（クリーン）」な新型政商関係構築を提唱するに至った。党の作風建設と反腐敗闘争が一連の重要な成果を獲得し、人民の高い評価を勝ち取った。

米国を見ると、民主党と共和党は、固定で明確な党の構成員と各レベルの組織がない上に、大統領選挙の時だけ、政治の趨勢によって有権者が自ら登録し、党派の活発な者たちの主要な活動は、党が総選挙に参加するための資金調達である。[39]また、成文化した党規約もなく、選挙前にのみ、党の選挙綱領が提出され、綱領の中で提起される施政目標は往々にして実現しにくいものである。さらには、衆参両院は多数議席を獲得した政党に交替するため、もともと実現する機会はないのである。同時に、資金は、米国大統領選挙ひいては米国の政党政治の命綱であり、その影響力は絶えず強化され、いわゆる民主論は「一ドル一票」の「金主」に成り果てたのだ。例えば、二〇一〇年には、米国連邦最高裁判所は言論の自由を守ることを理由に、非政府組織（各資本集団、利益集団を含む）が制約なく資金を投入し、政治に参画できるという判決を下した。また、ブッシュ親子とオバマの三代にわたる大統領は約三分の一の国外駐在大使のポストを差し出し、見返りとして、大口の政治献金を受け取った。このことは、賄賂を受け取って官職を与えることに近く、世界でも珍しいケースである。

以上が中国の政治制度で最も際立っている十の比較優位である。結局のところ、中国政治制度の比較優位は、中国共産党の指導から生まれたものである。習近平は次のように指摘する。「中国の特色ある社会主義制度は、現代中国が発展・進歩してきた根本的な制度保障であり、はっきりとした中国の特色・制度優位・自身を完成させる能力を有する先進的な制度である」[40]。中国の政治制度は、ひとつの完成された政治制度体系として、その比較優位も、関連し合い、影響し合い、作用し合い、制度の相乗効果を生み出し、中国の着実な社会主義的近代化を目指して強国することに対し、重要な役割を果たしている。

中国の政治制度は、マルクス主義の百年余りの発展から踏み出し、国際共産主義運動の百年余り盛衰から踏み出し、中国の革命・建設・改革の百年余りの実践から踏み出したものである。これらの制度は、中国の発生と発展において、歴史の選択・時代の選択・人民の選択である。ただ中国の政治制度に対する高度な自覚を備えることだけが、自身の認識を深めることができる。また、中国の政治制度に対する自信を持つことだけが、信念を強化し、初心を忘れず、前進し続けることができる。さらに、中国の政治制度に対する強い心を持ち続けることだけが、改革と革新の中で自身を完成させ、乗り越えることができるのだ。これが優れた循環、つまり自信が自覚を深め、自分を強くすることが自覚を発展させるものであり、自信を持ち続けることができるのだ。

三　まとめ

エンゲルスはかつて歴史発展の「平行四辺形の合成力」説を提起した。彼は、このように指摘している。

歴史はこのように創られる。最終的な結果はいつも多くの個別の意志の衝突から生まれ、どの個別意志もまた、多くの特殊な生活条件によってそのような個別意志になっている。このように無数の互いに交錯し合う力、無数の力である平行四辺形が、合成力すなわち歴史的結果を生み出している。さらにこの結果は、全体的に、無意識または無意志に影響を与える力の産物と見なすことができる。[41]

これを参考にすると、われわれが指導部の歴史的影響を提起した『分力と合力説』では、**一方では、中国が社会主義的近代化事業を絶え間なく推進してきた歴史の歩みは、政治的・経済的・文化的・社会的力量が互いに影響を与えてきた過程である。**党中央は、中国の社会主義的近代化事業の中心で、きわめて需要な指導力を発揮し、同時にその他分野の力を整理統合し、歴史における分力とその他分野の要素の合力に相互に影響を与えさせ、社会主義的近代化事業を発展させる歴史的合力を集めなければならない。**もう一方で、党中央の指導部に対して、指導部の構成員は党と国家の指導者として、歴史の歩みに重要な影響を生み、個人の分力と表すことができる。また、特に核心的リーダーは、その中でさらに重要な歴史的影響を与える。**核心的リーダーは、適切な発展方向と勤務方法を堅持し、指導部の構成員は一体となって努力し、一致団結する。適切な方向で指導部の政治的合力が最大化され、それによって全党の団結・統一、力強い行動を実現し、歴史の発展を促進する。

これが、現代中国の社会発展の根本的趨勢と根本的原動力を説明するものである。どのような時代に在っても、人民は一貫して歴史を形作る主体である。また、社会主義的近代化の構築という偉大な事業において、中国共産党は発展の青写真を描き、前進する方向を掴み、数多くの人民の歴史的分力を集め、中国の近代化を促進する歴史的合力となり、最も広く人民の発展を求め、最も広い人民の利益を実現する。

第十八回党大会以来、党中央は新たな歴史を描いている。まず、習近平は、党中央の核心・全党の核心であることが明確になり、これは、党・軍・人民の求めによるものであり、世界にも衝撃を与えた。次に、集団指導体制が「五つのメカニズム」から「七つのメカニズム」に発展し、集団外交制と集団自律制が、中央政治局および常務委員会による国家統治と政治運営、全面的な党内引き締めにおいて機能を強めた。三つめは、中央指導機構の組織の枠組みが合理化され、中央政治局常務委員会内部の協力が強化され、同時に、重大な特別会議制度と指導小グループ会議制度の拡大によって、重要な会議制度が完成し、党中央の重大な政策決定制の構築が強化された。これにより、集団政策決定制が全面的な改革の深化のニーズにより対応するものとなった。集団指導体制の革新と発展は、中国の制度の革新・実践・調整・完成という発展を反映している。

党中央において、**核心的能力と指導部のその他の構成員の能力はともに、指導部の「能力の集合体」**

を構成し、両者の役割はかけ算の関係であり、民主集中制の原則と集団指導制度という基礎の上で、互いに促進し合い、補完し合ってさらに良い結果を生み出している。また、核心とメンバーがともに強く、集団指導制度がうまく運用されていることで、指導部が強化され、中国の社会主義的近代化事業に力強く信頼できる指導者が誕生した。

つまり、習近平を核心とする第十八期中央政治局常務委員会は、すでに全党・全国・全世界に向けた行動で、確固たる理想と信念、巨大な政治的勇気、卓越した政治的知識と高度な政治的自覚を十分に証明している。**党中央の集団指導体制は、世界でも唯一無二の制度であり、核心的指導と「七つのメカニズム」は互いに補完し合っており、われわれは積極的に中国の制度の優位性を認識しなければならない。自覚することで自己を強化することができ、自己を強化してはじめて自信となる。**習近平を核心とする党中央は、集団指導体制の堅持・改善・発展に対して、さらにこの体制の革新性と発展性を具現化し、中国の歩む道・理論・制度が、情勢の変化に対応する能力と時代と共に発展する潜在力を裏付けている。われわれは、習近平を核心とする党中央の指導の下、一つめの百年の目標は必ず予定通りに実現し、二つめの百年の目標を実現するため、新しい青写真をデザインし、新たな道を開拓し、さらに確実な基礎を築くと固く信じている。また、中国共産党も全国の人民をリードし、中華民族の偉大な復興という中国の夢を実現する道に、さらに確かな歩みを踏み出すと信じている。

1 王岐山『全面的な党内引き締めを深め、傑出した成果をもって第十九回党大会を迎える――中国共産党第十八期中央規律検査委員会第七回全体会議上における報告』、二〇一七年一月六日、新華社北京二〇一七年一月十九日報。
2 著者が第十八期中紀委三回、五回、六回、七回全会で公表したデータに基づき整理したもの。
3 計算データは、世界銀行データバンクを参照した。
4 国家統計局のデータによると、二〇一五年中国ジニ係数は〇・四六二に下降しており、二〇〇八年以来の最低値となっている。都市住民の平均収入と農村の平均可処分所得の倍数を比較すると、二〇〇九年のピーク（三・三三倍）から下降を続け、二〇一五年には二・七三倍となっている。
5 国家統計局編『中国統計概要二〇一六』、七頁、中国統計出版社、二〇一七年。
6 人民網、二〇一五年十月十六日。
7 二〇一三年五月の北極評議会（Arctic Council）部長級会議において、八つの構成国（ノルウェー・スウェーデン・デンマーク・アイスランド・フィンランド・カナダ・米国・ロシア）が中国等の国が北極評議会に加入することに全会一致した。正式な観察員となり、将来の中国が北極ガバナンス（極地科学考察、航路、生態保護等を含む）に全面的に参画し、「一帯一路」を進化させた「一帯一路一圏（北極圏）」の重要な基礎を築いた。
8 二〇一六年三月、全国人民代表大会と中国人民政治協商会議には、六十五の国と地域の二百三十四のメディアから、千人余りの外国人記者が参加した。この規模は、二つの会議の報道史上最大規模である。『人民日報』、二〇一六年三月十六日、〇三面。
9 中国記協網『新聞茶座／六中全会を読み解く　党中央が歩む党ガバナンスの新たな道の成功』、二〇一六年十一月二日。
10 世界銀行のデータによると、二〇一三年の中国のＧＤＰは一六・七八兆（購買力平価、二〇一一年国際ドル基準）に達し、米国の一・〇一倍（米国は一六・六九兆）である。

11　二〇一四年から二〇一六年までに、すでに百余りの国家と国際組織が「一帯一路」の構築に参画し、中国と三十余りの沿線国家が共同で「一帯一路」の共同建設に関する連携協議に署名し、二十余りの国家と国際生産能力の開拓に関する連携に署名している。二〇一四年に中国は「一帯一路」沿線国家に対する直接投資キャッシュフローが一三六・六米ドルに達し、その年の中国の対外直接投資キャッシュフローの一一・一％を占めている。また、二〇一五年の数字はそれぞれ一八九・三億米ドル、一三％となっている。データは、二〇一四年・二〇一五年中国対外直接投資の統計広報を参照した。

12　米中は世界最大の二酸化炭素排出国である。二〇一四年の中国の二酸化炭素排出量は世界総量の二七・五％を占め、米国は一六・九％を占めており、両国合わせると四四・四％に達する。データは、英国石油会社『世界エネルギー統計二〇一五』(Statistical Review of World Energy 2015)。

13　習近平『全国人民代表大会成立六十周年大会における講話』、人民網から引用、二〇一四年九月六日。

14　比較優位は、本来は経済学分野の概念である。一国がある製品を生産する機会費用がその他の国を下回っていることを指し、つまり、この国は当該製品の生産において比較優位がある。政治制度の比較優位は、投入要素の経済性の評価にあるのではなく、制度の比較により生み出される優越性にある。すなわち、国家統治において、その他の国よりも良い成果を獲得したか否かにある。

15　習近平『中国人民政治協商会議成立六十五周年大会における講話』、人民網から引用、二〇一四年九月二十一日。

16　たとえば、ミャンマー・フィリピン・トルコおよびアフリカ諸国。

17　魯迅『七律・無題』による。軍閥政権が走馬灯のように頻繁に交替することを指す。

18　党員数と下部組織数は、中共中央組織部『二〇一六年中国共産党党内統計公報』に拠る。新華社二〇一七年六月三十日報。

19　『中国共産党規約』に、中国共産党は中国労働者階級の先鋒隊であり、同時に中国人民と中華民族の先鋒隊である、とある。

20 比較してみると、米国両党の全国性機構と地方支部との間には明確な上下関係はなく、まとまりのない政党組織である。組織の主要な機能は選挙のためであり、政党組織を通じて政治力を凝集する能力と中国共産党を、同一視してはならない。

21 Wiki百科見出し語を参照：インド。

22 解説者。イデオロギー事業のさらなる広報——習近平総書記八・十九重要講話精神の徹底学習［N］、人民日報、二〇一三年八月二十一日。

23 二〇〇五年四月二十五日、プーチンは、国情教書の中で「ソ連解体は、二十世紀の地縁政治上最大の災難であり、ロシア人民にとってひとつの悲劇であると認めなければならない」と指摘している。

24 習近平「全国人民代表大会成立六十周年記念大会における講話」、二〇一四年九月六日。

25 習近平「中国人民政治協商会議成立六十五周年記念大会における講話」、二〇一四年九月二十一日。習近平は講話の中で、中国の社会主義的熟議民主主義について、こう評価している。「中国共産党の指導を堅持してきただけでなく、各分野で積極的な役割を果たしている。また、人民の主体的地位を堅持してきただけでなく、民主集中制の指導制度と組織原則を貫いてきた。さらに、人民民主の原則を堅持してきただけでなく、団結と調和を徹底してきた。それゆえ、中国の社会主義的熟議民主主義は、民主的形態を充実させ、民主的チャネルを開拓し、民主的教養を深めてきた」。

26 オバマ米国大統領（当時）が二〇一二年一月二十四日に発表した一般教書。ホワイトハウス報道官草稿。「参考資料」二〇一二年一月三十日、第十六期を参照。

27 習近平は次のように指摘している。「中国共産党の統一的指導のもと、様々な形式の協議を通じて、広く意見と提案を聴き取り、広く批判と監督を受けることで、政策決定と施策の最大限のコンセンサスを広く達成することができ、党派と利益集団が自己の利益のために相互競争・相互軋轢の弊害を効果的に克服できる。また、様々な利益要求と訴求が政策決定プロセスに入るチャネルを広げ、異なる政治力が自己の利益を守り勝ち取るために自分の意見に固執し、反対者を排除するという弊害を効果的に克服できる。さらに、誤った仕組みを発見し改善する方法を広げ、政策決定の中で状況が不明であることや独善的になるという弊害を効果的に克服できる。人民が各レベルの管理と統治に参画する仕組みを広く形成し、人民が国家の政治生活と社会統治の中で表現できない、参画が難しいという弊害を効果的に克服できる。全社会が改革と発展を推進する智慧と力を広く集め、各政策と施策のコンセンサスが低いという弊害を効果的に克服できる。これこそが、中国の社会主義的熟議民主主義に特有の優位のありかである」。習近平『中国人民政治協商会議成立六十五周年記念大会における講話』、人民網、二〇一四年九月二十一日。

28　習近平が五自治区の基層民族団結の優秀な代表者十三名と会見した際の講話。新華社二〇一五年九月三十日報。

29　胡鞍鋼・楊竺松、党中央の集団指導体制を完成する「七つのメカニズム」と核心［J］、清華大学学報（哲学社会科学版）、二〇一七年（一）、五－一八頁。

30　米国の政治学者フランシス・フクヤマは、米国の政治体制を「否決政体（ビトクラシー）」と呼び、政策過程における異なる利益集団間の牽制と妨害を指し、政治的立場が分極化に向かい、「私が成し得ないことは、あなたも成し得ない」という効率の悪い政治、失敗の政治を招いている。彼は米国の牽制体制がいかにして否決制に変化したのかを詳細に紹介している。フランシス・フクヤマ『政治秩序と政治衰退、産業革命から民主のグローバル化まで』（中国語版）、第三十四章「否決制の米国」、四四五頁を参照。広西師範大学出版社、二〇一五年版。

31　趙憶寧「米国の政党政治を訪ねる」［M］、北京、中国人民大学出版社、二〇一四年、四三頁。

32　『孟子・梁恵王上』の「泰山を挟んで北海を超える、人は『できない』という。これは本当にできないのだ。年長者が枝を折る、人は『できない』と言う。これはできないのではなく、やろうとしないからである」から引用。

33　フクヤマは政治の衰退には二つの発端があると考えている。一つは知識の硬直化であり、二つはエリート集団が影響力を与えていることである。これは、民主国家に共通する弊害である。フランシス・フクヤマ『政治秩序と政治衰退、産業革命から民主のグローバル化まで』（中国語版）、四四三頁、桂林、広西師範大学出版社、二〇一五年。

34 習近平、中央党校創立八十周年記念大会および二〇一三年春学期始業式における講話。人民網より。二〇一三年三月一日。

35 栄筱箐、中国の台頭：米国社会が「中国に学ぶ」声は日増しに高まる［J］、中国新聞週刊、二〇一二（九）。

36 習近平、全国組織工作会議における講話。新華社北京二〇一三年六月二十九日報。

37 胡鞍鋼、民主的政策決定：中国集団指導体制［M］、北京、中国人民大学出版社、二〇一四年、一六九頁。

38 王岐山が十二期全国人民代表大会第五次会議北京代表団全体会議に参加した際の講話。新華網より。二〇一七年三月六日。

39 趙憶寧、米国の政党政治を訪ねる［M］、北京、中国人民大学出版社、二〇一四年、二〇八頁。

40 習近平、中国共産党成立九十五周年記念大会における講話、新華網より、二〇一六年七月一日。

41 エンゲルス『ヨーゼフ・ブロッホへ』を参照、『マルクス・エンゲルス選集』に記載、第四巻、四七八－四七九頁、北京、人民出版社、一九七二年。

あとがき

日本僑報出版社との努力のもと、本書『中国集団指導体制の「核心」と「七つのメカニズム」―習近平政権からの新たな展開』を読者の皆さんにお届けできることとなった。

第十九回党大会を目前に控え、本書の刊行は、第十八回党大会直前に刊行した『中国　集団指導体制』（中国人民大学出版社、二〇一二年）の時とよく似通っている。二〇一二年は、いくつかの国で選挙による政権交代が行われることから「世界政治選挙の年[1]」と呼ばれたが、二〇一六年から二〇一七年にかけた世界政治構造の変化は、その時と比較しても一層激しいものがある。これだけでなく、全世界で、国家そのものについて述べると、国民の要求に応え、国家発展の実情に対応し、良好な国家統治を効果的に実現できる政治制度体系は、決して増えた訳ではない。それどころか、それは依然として国家経済が繁栄を持続し、社会が進歩を続ける重要な条件であり、もっとも少ない資源のひとつである。これは、政治制度に関する研究が全人類の福祉の増進に重要な現実的意義を有することを意味しているだけでなく、同時に、われわれの長年にわたる中国の歩み、特に中国の特色ある社会主義的民主政治の発展の歩みについて、研究を持続し、フォローアップする原動力のひとつとなっている。

『中国の集団指導体制』のあとがきには、一九九九年から二〇一二年の間に、関係する協力者とともに関連研究を行い、政策決定層に向けた提言の情況を詳細に記述した。ただ中国の政治制度をよく知り、発展させることをテーマとして、十三年間で、八編の『国情報告』に含まれる九編の重要草稿を完成させた。[2] これらの草稿の研究成果を踏まえ、二〇一一年後半から二〇一二年前半まで、私と楊竺松氏は『党中央の集団指導体制』国情報告を執筆し、「中国の集団指導体制」の核心テーマを提起し、集団引継制・集団分担協力制・集団調査研究制・集団政策決定制を含む「五つのメカニズム」を分析の枠組みとした。その報告が完成した後、二〇一二年三月に第十七期中共中央政治局と中央書記処の指導者に送付し、中央指導者から関連する省市委員会書記に推薦をいただいた。その後、われわれは再び国情報告をベースとして、原稿と構成に新たな調整を加え、価値ある情報を多く盛り込み、特に国際比較に関する内容を追加した。それから、われわれは再度、英国オックスフォード大学現代中国研究センターで研究した二か月間のうちに、原稿に何度も訂正を加え、二〇一二年七月に本書初版の原稿が完成し、二〇一三年七月に中国人民大学出版社から正式に出版された。二〇一四年六月、本書の英訳版がシュプリンガー出版社（Springer）から正式に出版された。二〇一五年七月には、米国ペンシルベニア州立大学国際関係教授・法学教授のベイカー氏が『清華大学学報（哲学社会科学版）』で長編文章を発表し、本書が論じる中国の集団指導体制および五つのメカニズムに対して、肯定的な評価を与えた。[3] 二〇一六年十二月、本書の韓国語版が、韓国成均館大学成均中国研究所（ＳＩＣＳ）から翻訳出版された。

二〇一二年十一月、党の十八期一中全会が正式に新しい中央政治局常務委員会を選挙した。新しい中央政治局常務委員会のメンバーが正式に公表された後、わたしはすぐに『中共第十八回党大会がいかにして指導者の新旧交替を実現したか』を執筆し、[4]既存の集団指導体制の基本的枠組みを基にして、新指導部と関連するメカニズムに研究を加えた。第十八回党大会以降、習近平は党の新たな総書記と全党の核心として、国家統治と政治運営において、一貫して人民を中心とし、大衆路線を堅持してきた。これによって、対外的に国際情勢を一本化し、中国の特色ある大国外交の新たな局面を切り開き、中華民族の偉大な復興事業を新たな高みを目指して推し進めている。このため、二〇一三年後半から二〇一四年初めまで、われわれは再び第十八期中央政治局常務委員会の集団調査研究制の運用状況に焦点をあてて、引き続き研究を実施し、フォローアップ研究を行った。さらに『青山を走破し、人民に問う――習近平二〇一三年国内視察の評論と分析』と『世界をめぐり、全局を統一する――二〇一三年中国の特色ある大国外交の評論と分析』という二編の国情報告を執筆した。[5]研究の一貫性と成果の継承性をより良く表現するため、われわれは『民主的政策決定、中国集団指導体制』を書名とし、『中国の集団指導体制』初版を再版した。加えて、以上三編の報告を新しい内容として再版原稿に盛り込み、九章と付録に分け、初版原稿の構成と主要な内容については変更を加えなかった。

　第十八回党大会は、中国の特色ある社会主義的民主政治の発展における節目となった。これは、習近平が提起した「四つの全面」戦略に、法による国家統治の全面的な推進と全面的な党内引き締めが、政治建設のカテゴリーに組み入れられたためだけではない。さらに、二〇一六年第十八期六中全会で、習近平の全党における核心的地位が確立されたためでもある。実際に、二〇一六年一月の中央政治局会議において、核心意識を含む「四つの意識」が提起された後、われわれはすぐに、党に核心は必要であるか、リーダーは必要であるか、さらには核心の意味をいかにして深く知り、核心意識を確立するかについて、研究を実施した。二〇一六年五月、われわれは党の核心問題に関する内部報告を構成し、核心の含意・指導者の核心に関する論述・党の核心問題における歴史的経験・党はなぜ指導的核心を必要とするか・核心の基本特性等の面から議論を展開した。またこの報告を中央指導者に送付した。

二〇一六年十月に招集された党の第十八期六中全会で、『新しい情勢下における党内政治生活に関する若干の準則』が可決された。『準則』の第六部では、民主集中制原則の堅持について関連要求が提出された際、「集団指導制度を堅持し、集団指導と個人の分業責任の結びつきを実行することが、民主集中制の重要部分である。そのため、一貫して堅持し、あらゆる組織も個人も、どのような状況下であっても、例外なくこの制度に違反してはならない」と特に強調されている。このことは、党の指導的核心の確立と集団指導体制は矛盾しておらず、民主集中制とも矛盾しておらず、党内民主の発揚とも矛盾していないことを表している。このような背景のもと、われわれはさらに踏み込んで、習近平を核心とする党中央の国家統治と政治運営に関する実践を総括し、中国の集団指導体制の理論の枠組みを充実させ、「五つのメカニズム」をベースとして、新たに集団外交制と集団自律制を練り上げた。これにより、党中央の集団指導の「七つのメカニズム」が形づくられ、集団学習・集団調査研究・集団政策決定のメカニズムの運用過程で新たな特長と新たな変化が現れ、まとめを行った。同時に、われわれは、党の第十八期六中全会の信念に基づき、前述の関連研究の成果をもとにして、党の核心と集団指導体制の関係等の重要な問題について、さらに一歩進んだ検討を行い、最終的に『党中央の集団指導体制を完備する、「七つのメカニズム」と核心』と題した国情報告を作成した。[6]

本報告の中では、このように提起している。第十八回党大会以来、習近平を核心とする党中央は、一貫して集団指導体制の改善を続け、党中央の集団指導体制が新たな情勢下で新たな発展ができるよう推進している。一つめは、習近平は党中央の核心・全党の核心であることを明確にし、これは党・軍・民の求めによるものであり、世界を驚かせている。また、核心の能力と指導部のその他の構成員の能力が合わさって指導部の「ケイパビリティ（capability）」を構成し、両者の間には乗法の関係が存在する。二つめは、集団指導体制の「五つのメカニズム」が「七つのメカニズム」に発展し、集団外交制と集団自律制が、中央政治局および常務委員会の国家統治と政治運営、全面的な党内引き締めにおける影響力を強めたことである。さらに「七つのメカニズム」と核心的指導は、互いに補完し合い、プラスに作用し合っている。三つめは、中央指導機構の組織の枠組みを最適化することで、重大な特別会議制度と指導小組会議制度を拡大し、党中央の重大な政策決定制度の建設を強化したことである。これにより、集団政策決定制は、さらに、改革の全面的な深化の必要に適応するようになった。

その後、われわれは再度、この報告をベースとして新たな枠組みを設計し、先に論じた核心と、後に述べたメカニズムの構成に基づき、論述を深め、内容を補完するとともに、修正を重ねてこの本を完成させた。

本書が検討する党中央の集団指導体制の革新と発展は、実際には、中国の制度の革新と発展を反映している。国家レベルでは、発展する中で生まれる問題、および制度環境の変化がもたらす課題は、制度改革にとって必要な原動力である。また、このような推進のもとで制度が変革を実現できるのか、完成されるのかは、制度そのものの適応力と生命力により、さらには関連する政治力、特に執政党の自覚性と先進性によるのだ。執政党は、国家の政治舞台における最も鍵となる役割である。もし執政党が正しく制度設計の道筋を立て、制度の変遷を推し進めることができるとしたら、それは国家発展の助けとなり、安定期から新たな成長期へと導き、硬直化・停滞・衰退に縛られることはないだろう。改革開放の三十年余りの実践から見ると、中国の制度がなぜ成功を続けているのか、その根本的な理由は、やはり党が一貫して正しい道筋に沿って歩んでいるためであり、党と国家の各制度の革新の成功につながっているためである。

中国の政治制度は、世界でも唯一無二の政治制度であり、中国の国情に最も適している政治制度である。なぜなら、政治制度を評価する「鄧小平基準」「習近平基準」に完全に合致しているのだ。ここで言う「鄧小平基準」は、一九八七年に鄧小平が外国からの賓客と会見した際に提起した「われわれが国家の政治体制・政治構成・政策が正しいかどうかを評価するには、三つのポイントがある。第一は、国家の政局が安定しているかどうか。第二は、人民の団結を強化し、人民の生活を改善できるかどうか。第三は生産力が持続的発展につながるかどうか」[7]である。ここで言う「習近平基準」とは、二〇一四年に習近平が指摘したものである。

国家の政治制度を評価するのは、民主的であるかどうか、効果的であるかどうかである。主に、国家の指導層が法に基づいて秩序ある交替ができるかどうか、すべての人民が法に基づいて国家事務と社会

事務を管理し、経済と文化事業を管理できるかどうかを見る。また、人民が滞りなく利益要求を表明できるかどうか、社会の各分野で国家の政治生活に効果的に参加できるかどうか、国家の政策決定の合理化・民主化が実現できるかどうかを見る。さらに、各分野の人材が公平な競争によって国家指導と管理体系に入ることができるかどうか、執政党が憲法・法律・規定に基づいて国家事務に対する指導を実現できるかどうか、権力の運用が効果的な制約と監督を受けることができるかどうかを見るのだ。[8]

「鄧小平基準」であっても「習近平基準」であっても、結局のところ、すべて実践の中で政治制度の優劣を検証しなければならない。われわれがこの本を執筆する目的は、まさに、第十八回党大会以来、党中央の集団指導体制の革新と新たな発展を整理することで、中国の政治制度の創造性・適応性・生命力を現し、中国の政治制度に対する自信、中国共産党に対する自信をさらに成熟させ、強化することにある。

本書の最後に、本書に対して貴重な提案をいただいた王紹光教授に感謝するとともに、大学生の胡江・周頂、私が現在指導する修士研究生の石智丹と博士研究生の任皓・程文銀・謝宣澤等の学生が本書の研究のために行った重要な基礎的作業に感謝する。また、日本僑報社に感謝するとともに、特に、本書を日本の読者向けに翻訳してくれた同社の日中翻訳学院の訳者に感謝したい。

二〇一七年四月　中国北京・清華園に於いて

胡鞍鋼

1 胡鞍鋼、楊竺松『中国共産党と米国民主党・共和党の全国代表大会の比較』、『清華大学学報（哲学社会科学版）』、二〇一四年第一期。

2 胡鞍鋼『中国の集団指導体制』一八三－一九〇頁、北京、中国人民大学出版社、二〇一三年。これらの文章は次のものを含む。胡鞍鋼『経済発展の促進を目的とする中国の政治制度改革』、『改革』一九九九年第三期。中科院－清華大学国情研究センター『中国共産党はいかにして最も広大な人民の根本利益を代表するのか』二〇〇〇年八月十四日、『国情報告』二〇〇〇年第六十三期、胡鞍鋼『第十六回党大会と中国の今後』二〇〇二年六月十二日、『国情報告』二〇〇二年増刊八、胡鞍鋼『第十六回党大会と新旧交替』二〇〇二年十一月十八日、『国情報告』二〇〇二年特別号一、胡鞍鋼『中国指導者の新旧交替の制度化・規範化・順序化』二〇〇七年十月三十一日、『国情報告』二〇〇二年第三十七期、胡鞍鋼『ひとつの良好な中央政治局常務委員会およびそのメカニズム設計――中共第十六期を例に』二〇〇七年十一月十九日、『国情報告』二〇〇七年第三十九期、胡鞍鋼『党中央の民主的政策決定制度の建設に関する提言』二〇一〇年三月十五日、『国情報告』二〇一〇年第五期、胡鞍鋼『政治制度から中国がなぜ常に成功するのかを見る』二〇一一年一月二十四日、『国情報告』二〇一一年第八期、胡鞍鋼『中国の特色ある「集団総統制」』二〇一二年三月十二日、『国情報告』二〇一二年特別号第一期。

3 Larry Catá Backer, 二十一世紀に向けて中国がデザインする社会主義的民主理論――中国立憲国家の台頭という文脈のもと、胡鞍鋼「集団指導制」理論を考える［J］、清華大学学報（哲学社会科学版）、二〇一五（四）。

4 二〇一二年『国情報告』第三十五期、十二月七日。

5 二〇一三年『国情報告』第五十一期、十二月二十五日、楊竺松が整理に協力。二〇一四年『国情報告』特別号第一期、一月十七日、協力者楊竺松。

6 二〇一六年『国情報告』、特別号四十、十二月六日、協力者楊竺松。この報告の後、『清華大学学報（哲学社会科学版）』

で正式に発表した。二〇一七年第一期。

7　鄧小平『どのようにして国家の政治体制を評価するか』（一九八七年三月二十七日）、『鄧小平文選』第三巻、二一三頁、北京、人民出版社、一九九四年。

8　習近平、全国人民代表大会成立六十周年記念大会における講話、二〇一四年九月五日。

■著者紹介

胡 鞍鋼（こ あんこう）

1953年生まれ。清華大学公共管理学院教授、同大学国情研究院院長を務め、中国共産党第18回党大会代表。国家「第11次五カ年計画」「第12次五カ年計画」「第13次五カ年計画」専門家委員会委員、中国経済50人フォーラムメンバー。

自身が主導し創設した清華大学国情研究院は、国内一流の国家政策決定シンクタンクであり、中国共産党中央宣伝部が建設する国家ハイエンドシンクタンクの第1期モデルケース25機関に選ばれている。国情研究に従事して30年来、出版した国情研究に関する専門書・共同著書・編著・外国語著書は100以上に及ぶ。邦訳に『中国のグリーン・ニューディール』、『SUPER CHINA ～超大国中国の未来予測～』、『中国の百年目標を実現する 第13次五カ年計画』、『習近平政権の新理念―人民を中心とする発展ビジョン』（以上、日本僑報社）などがある。中国国家自然科学基金委員会傑出青年基金の援助を獲得する。中国科学院科学技術進歩賞一等賞（2回受賞）、第9回孫冶方経済科学論文賞、復旦管理学傑出貢献賞などを受賞。

楊 竺松（よう ちくしょう）

清華大学工学学士、同大学管理学（マネジメント）博士。現在、清華大学国情研究院研究助手。主に中国共産党幹部制度、指導体制を研究する。政策決定の内部参照である『国情報告』を20編近く執筆し、論文10編以上、中国語著作2冊を発表している。

■訳者紹介

日中翻訳学院 安武 真弓（やすたけ まゆみ）

長崎県出身。広島大学総合科学部総合科学科で中国語を専攻する。仕事の傍ら、民間の語学学校などで中国語の勉強を続ける。現在は、日中翻訳学院『武吉塾』で学んでいる。

中国集団指導体制の「核心」と「七つのメカニズム」

――習近平政権からの新たな展開

2017年12月1日　初版第1刷発行

著　者　胡 鞍鋼（こ あんこう）、楊 竺松（よう ちくしょう）

訳　者　日中翻訳学院 安武 真弓（やすたけ まゆみ）

発行者　段 景子

発売所　日本僑報社

〒171-0021 東京都豊島区西池袋3-17-15

TEL03-5956-2808　FAX03-5956-2809

info@duan.jp

http://jp.duan.jp

中国研究書店 http://duan.jp

2017 Printed in Japan.　ISBN 978-4-86185-245-9　C0036

中国「国情研究」の第一人者
習近平政権の政策ブレーン
清華大学国情研究センター長

胡鞍鋼氏の著作

既刊好評発売中
日本僑報社

習近平政権の新理念

―人民を中心とする発展ビジョン―

「一帯一路」などグローバルな政策で大国としての存在感を増す中国。2017年秋の党大会では、中国政治の重要課題に関する決定が行われる。経済の「新常態」の下で進められる中国の新ガイドライン「六大発展理念」を、習近平政権の政策ブレーン・胡鞍鋼氏がわかりやすく解明。中国のいまとこれからを知る上で必読の一冊！

2017年秋の「党大会」で決定！

定価 1900 円＋税　ISBN 978-4-86185-233-6

SUPER CHINA

～超大国中国の未来予測～

2020年までに中国がどのような発展を目指し、その進捗はどうかなどを、国際比較が可能なデータを用いながら論じる。米国で出版され世界的に話題となり、インド、韓国、中国でも翻訳版が出版された世界的話題作の邦訳版。ヒラリー・クリントン氏推薦、中国の実態と世界への影響を読み解く一冊、日本初上陸！

世界の知識人が待ち望んだ話題作

定価 2700 円＋税　ISBN 978-4-9909014-0-0

中国の百年目標を実現する 第13次五カ年計画

2016～2020年までの中国の目標を定めた「第13次五カ年計画」の綱要に関して、十三五計画専門家委員会委員である胡鞍鋼氏がわかりやすく紹介。中国の今と将来を知るための必読書。

定価 1800 円＋税　ISBN 978-4-86185-222-0

中国のグリーン・ニューディール

「持続可能な発展」を超える「緑色発展」戦略とは

エコロジー活動と経済成長を両立する「グリーン・ニューディール」の中国的実践とは？　世界が注目する中国の「緑色発展」を詳説する。

定価 2300 円＋税　ISBN 978-4-86185-134-6

中国の発展の道と中国共産党

中国の歴史的状況から現在の発展に至るまで、中国共産党がどのような役割を果たしたかを全面的かつ詳細に分析。中国の発展の全体像を見渡すにあたって必読の一冊。

定価 3800 円＋税　ISBN 978-4-86185-200-8